DEUTSCHE DOGGE HEUTE

Dr. Friedmar Krautwurst

KYNOS VERLAG

Titelbild: *Zentra »vom Borntal«.*
Züchter und Besitzer: *I. u. Dr. F. Krautwurst.* Foto: L. Warkus.
Innentitel: *Joker »vom Hause Rawert«.*
Züchter und Besitzer: *M. Rawert.* Foto: Marion Rawert.
Rücktitel: *Vitale Deutsche Doggen aus der Zucht »vum Rotscheid«.*
Foto: M. Völzer

© 2001 KYNOS VERLAG
Dr. Dieter Fleig GmbH
Am Remelsbach 30
D-54570 Mürlenbach/Eifel
Telefon: 06594/653
Telefax: 06594/452

Internet: http://www.kynos-verlag.de

Gesamtherstellung: Druckerei Anders GmbH, 54595 Prüm

ISBN 3-933228-31-X

INHALTSVERZEICHNIS

ZUM GELEIT

Über 50 Jahre wurde mein Leben durch Hunde bereichert. Nun möge man mir nicht gleich Rassefanatismus unterstellen, wenn ich die letzten 30 Jahre im ständigen Zusammenleben mit Deutschen Doggen diese Lebensbereicherung besonders empfinde und über diese Rasse bereits mein viertes Buch vorliegt.

Es ist nicht nur die imposante Erscheinung und der edle Charakter, der mich an der Deutschen Dogge so fasziniert, sie ist auch ausgesprochen einfühlsam, gelehrig und in richtigen Händen gut verträglich gegenüber anderen Tieren, Hunden und Kindern. Ihre ausgesprochen hohe Intelligenz verleiht ihr eine besondere Beobachtungs- und Registrierungsveranlagung, sie weiß ganz genau im Voraus, welche Handlungen von ihrem Menschen als Nächstes erfolgen. Sind wir traurig, nimmt sie es sofort wahr und bleibt an unserer Seite. Grobheiten, Lautstärken und ungerechte Behandlung überwindet sie, wenn überhaupt, meistens nur schwer, und es sind nicht wenige, die im Verlaufe der 120-jährigen Rassegeschichte an diesen und anderen menschlichen Schwächen leiden mussten und zu Grunde gingen. Auch die entsprechenden Freiräume, welche die Deutsche Dogge ihrer Körpergröße entsprechend benötigt, gehen immer weiter zurück. Dieser wichtige Haltungsfaktor ist gegenwärtig, zumindest in den menschlichen Ballungszentren, zu einem fast unlösbaren Problem geworden.

Die Ausführungen in diesem Buch sind von dem festen Willen geprägt, auch in unserer nicht gerade hundefreundlichen Umwelt, einen Beitrag zu leisten, dass für diese großen herrlichen Hunde vertretbare Lebensbedingungen und Lebensqualitäten erhalten und verbessert werden. Die Darlegungen beziehen sich deshalb weniger auf Rasseglorifizierung als auf Züchter- und Halterverantwortung.

Aus langjährigen Erfahrungen als Züchter, verbunden mit beruflichen Erkenntnissen und tierzüchterischer Ausbildung, sehe ich keine Veranlassung, etwas zu beschönigen oder gar züchterische Fehlentwicklungen einschließlich vorhandener Zucht- und Erbfehler zu verschweigen. Auch das Kapitel »Lebenserwartung und Krankheiten« ist so ausgerichtet, wie es nach meinen Erkenntnissen der Gegenwart entspricht. Das darf aber keinesfalls missverstanden werden, etwa in der Richtung, dass die Deutsche Dogge eine besonders erbkranke oder krankheitsanfällige Rasse sei. In meinem langen Leben in der Hundeszene und insbesondere in der beruflichen Tätigkeit konnte ich sehr viel Internes zu den einzelnen Hunderassen erfahren. Dadurch weiß ich, dass es keine einzige Hunderasse gibt, die nicht mit Erbfehlern belastet ist, geschweige besondere Immunität gegen Infektionen besitzt. Ein beträchtlicher Unterschied besteht nur in der Art und Weise der Offenheit, mit der diese Probleme diskutiert werden.

Nicht nur die Zuchtreglements für die Deutschen Doggen, auch fast alle die anderer Rassen sind im Sinne der Verbesserung der Erbgesundheit überholungsbedürftig.

In diesem Buch habe ich mich bemüht, die Rasse Deutsche Dogge so darzustellen, wie sie ist und die wichtigsten Erfordernisse zur Gesunderhaltung bzw. Verbesserung aufgezeigt.

Allerdings bin ich zutiefst davon überzeugt, dass die gegenwärtigen »Zuchtpraktiken« in kurzer Zeit weitestgehend durch populationsgenetische Zuchtmethoden ersetzt werden müssen, wenn gesundheitlichem Fortschritt der Erfolg beschieden sein soll.

In diesem Zusammenhang bleibt zu hoffen, dass recht bald an Hand der unter der Schirmherrschaft der INTERNATIONAL SOCIETY for ANIMAL GENETICS (Internationale Gesellschaft für Tiergenetik) in Arbeit befindlichen genetischen Markerkarte beim Hund gezielt nach genetischen Defektgenen und auch rezessiven Farbgenen gesucht werden kann.

Es ist der Wunsch des Autors, dass sich möglichst viele Züchter dieser Herausforderung mit großem Verantwortungsbewusstsein annehmen und ihre Kräfte darauf ausrichten, dass unsere herrliche Rasse in ihrer Gesundheit stabilisiert wird und ihre Wertung immer in der Reihenfolge Gesundheit, Leistung, Schönheit erfolgt.

Großkochberg im Dezember 2000

Dr. Friedmar Krautwurst

Der Autor. Foto: I. Krautwurst.

Kapitel 1

RASSEGESCHICHTE

Es ist gewiss keine einfache Aufgabe, die Geschichte einer alten Rasse wie die unserer Deutschen Dogge, der Zielstellung dieses Buches entsprechend, in kurzer Form zu beschreiben. Auch wenn wir davon ausgehen, dass die eigentliche Geschichte erst mit der Erstellung eines Rassestandards beginnt, so ergibt sich für die Deutsche Dogge immerhin ein geschichtlicher Abriss von 120 Jahren. Der Deutsche Doggen Club 1888 e.V. (DDC), als ältester kynologischer Rassezuchtverein Deutschlands, blickt nunmehr ebenfalls auf 113 Jahre eigene Geschichte zurück. Ein weiteres historisches Kapitel des DDC sind seine Stamm- bzw. Zuchtbücher. Dem ersten Band vom Jahre 1897 folgten bis zur Gegenwart weitere 98 Exemplare. Insgesamt 99 Zuchtbücher, die unter der Federführung des Muttervereins der Rasse, des DDC, bis heute herausgegeben wurden, enthalten 109.020 Welpeneintragungen und weisen den jeweils erreichten Stand der Zucht in Wort und Bild aus. Von gleichrangiger Bedeutung sind die 26 Bände mit 13.640 Eintragungen der Spezialzuchtgemeinschaft (SZG) Deutsche Doggen, die auf Grund herrschender politischer Verhältnisse von 1955 bis 1988 losgelöst vom DDC herausgebracht wurden.

Somit liegt im DDC ein umfangreiches Werk von ganz besonderem Wert vor, das die gesamte deutsche Doggenzucht dokumentiert.

Weiter bleibt zu beachten, dass bis zum Zeitpunkt der Erstellung eines Rassestandards natürlich auch die Entstehungsgeschichte der Rasse nicht ignoriert werden darf.

Von diesem umfangreichen Material können im Rahmen dieses Kapitels nur markante Geschehnisse nachvollzogen werden.

ENTSTEHUNGSGESCHICHTE

Einige Abhandlungen - ältere und auch gegenwärtige - zur Vorgeschichte der Doggen beziehen sich auf so genannte Abstammungslinien wie z. B. vom Tibethund zur Altsyrischen Dogge zum Molosser und schließlich zu Doggen und Doggenartigen. Derartige Darstellungen sind viel zu stark schematisiert, weil hierbei die auf Erbanlagen beruhende enorme Variabilität des Hundes unberücksichtigt bleibt. Aus diesem Grund sollen die Abstammungslinien nicht weiter kommentiert werden.

Bedeutsam scheint aus heutiger Sicht die Sonderstellung der Deutschen Dogge hinsichtlich Zuordnung zu den Doggen und Doggenartigen, die nach *Räber* weit mehr historisch als anatomisch bedingt sind. Wesentliche Hauptmerkmale der Doggen wie schwerer Kopf mit rundlicher Form, verkürzter Fang und gebogener Unterkiefer, starke Faltenbildung an Kopf und Hals sowie korpulenter Körperbau sind bei der Deutschen Dogge durchaus unerwünscht. Abgeleitet von der englischen Bezeichnung »dogg« für Hund verstand man bei uns allgemein einen großen kräftigen Hund, der aber nicht unbedingt einer Rasse angehören musste.

VORLÄUFER DER RASSE

Als erste Vorläufer werden von *Beckmann (1895)* und *Strebel (1904)* die nach ihrem Verwendungszweck bezeichneten Bären- oder Bullenbeißer beschrieben. Auch die Bezeichnung Saurüde oder Hatzrüde ist für diese Hunde zutreffend, wobei Rüde weniger auf das Geschlecht, sondern mehr auf den Jagdzweck bezogen war.

Das Jagdrecht in der mittelalterlichen Zeit besaß ausschließlich der Landesherr. Den großen Verschleiß an Hunden, den die Jagd auf wehrhaftes Wild mit sich brachte, musste immer wieder durch Bauernhunde ersetzt werden. So war nicht auszuschließen, dass Hütehund (Bullenbeißer) und Jagdhund (Saurüde oder Hatzrüde) ein und demselben Wurf entstammten.

Anfang des 16. Jahrhunderts kam dann eine weitere Form der Vorläufer der Deutschen Dogge aus England und Irland zu uns auf den Kontinent.

Diese Importe waren meist hochläufige starke doggenartige Hunde, die aus Kreuzungen des Mastiffs mit den großen irischen Windhunden jener Periode hervorgegangen waren. Sie hatten durchaus noch verschiedene Größe, Schwere, Farbe und Form aufzuweisen. Im Ganzen gesehen waren diese englischen Hunde aber an Größe und Beweglichkeit den Bullenbeißern weit überlegen. Obwohl die züchterische Auslese der damaligen Zeit lediglich unter dem Gesichtspunkt der Verwendbarkeit zur Jagd erfolgte, sind diese Hunde als die Stammeltern unserer heutigen Deutschen Dogge zu betrachten. Wir haben selbst ihren Namen (vom englischen Dogg) beibehalten, und sie sind in Deutschland vom Anfang des 16. bis Anfang des 19. Jahrhunderts als englische Hunde bezeichnet *(Beckmann 1895)* worden. Grundsätzlich muss aber festgehalten werden, dass diese englischen Hunde in Deutschland bereits seit Anfang des 17. Jahrhunderts selbständig weiter gezüchtet und ihr Rassebild immer mehr geformt wurde. In England hingegen gerieten die alten Mastiffs und auch die Vorläufer unserer Doggen infolge der Vorliebe für den Bulldog allmählich in Vergessenheit und verschwanden.

Neben den so genannten englischen Hunden oder Doggen wurden in Deutschland auch die einheimischen Bullenbeißer weiter gezüchtet. Es waren vorwiegend die Zug- und Treibhunde der Viehhändler und Fleischer. Aus Kreuzungen sollen Tiere mit verbessertem Typ und mit verbesserten Eigenschaften hervorgegangen sein.

Tänzer berichtet bereits 1680 von einer gewissen Selektion, wonach die besten und größten Hunde »Kammerhunde«, die nächstbesten »Leibhunde« und alle übrigen »englische Hunde« genannt und zur Jagd verwendet wurden. Die Kammerhunde der adligen Herrschaften waren zum äußeren Zeichen mit goldenen und ihre Leibhunde mit silbernen Halsbändern versehen. Verbreitung und Ansehen der Doggen zur damaligen Zeit gehen auch aus den Porträts von Vertretern des Adels mit großen Hunden hervor, wie sie uns von van Dyck, Rubens, Synders und anderen überliefert wurden.

Mit Einführung der Feuerwaffen wurden die Hatzhunde in diesem Umfang nicht mehr benötigt. Ab 1880 verschwanden auch die Sauhatzen in Deutschland vollkommen, da der Wildschweinbestand sich enorm verringert hatte. Richard Strebel schreibt 1904 in seinem Buch »Die Deutschen Hunde«: »Mit dem Aufhören der Sauhatzen hörte auch der Lebenszweck der Vorfahren unserer Deutschen Dogge auf.«

Die Doggen gelangten allmählich in die Hände von Privatleuten, wo sie als Wach-, Begleit- und Sporthund, häufig auch noch als Zugtier bei Fleischern, andere Verwendung fanden.

Im Gegensatz zu vergangenen Zeiten rückte die Bedeutung der körperlichen Erscheinung in den Vordergrund züchterischer Überlegungen.

Es gab zu dieser Zeit eine ganze Anzahl unterschiedlicher Bezeichnungen für diese Doggen. In Süddeutschland galt die Bezeichnung Ulmer Dogge mehr für die schweren schwarz-weiß

Gefleckten, während man im Norden und anderen Gebieten den blauen Farbschlag so nannte. Für die Gestromten fand noch die Bezeichnung Hatzhund Verwendung. Gelbe und Isabellfarbene nannte man mitunter Dänische Doggen. Schließlich wurde zwischen »Ulmer Doggen« und »Dänische Doggen« unterschieden, wobei die Ulmer im Allgemeinen schwereren, die Dänischen leichteren Typs waren, eine genaue Unterscheidung gab es aber nicht.

Es zeigten sich dann besonders auf Ausstellungen Probleme, um überhaupt eine Trennung vorzunehmen. Anlässlich einer Hundeausstellung, die 1876 in Hamburg stattfand, waren 45 Ulmer und 24 Dänische Doggen gemeldet. Von den »Dänen« war nicht eine einzige in Dänemark, sondern alle in Deutschland gezüchtet. Daraufhin wurde der Vorschlag unterbreitet, künftig die Doggen in einer Klasse unter dem Namen »Deutsche Dogge« zu richten. Damit war der Name »Deutsche Dogge« erstmals festgelegt.

Popularisiert wurde die Rasse zur damaligen Zeit auch dadurch, dass sie von einigen Persönlichkeiten mit hohem gesellschaftlichen Rang gehalten wurde. Otto v. Bismarck (1815 bis 1898) besaß fast sechzig Jahre Exemplare großer Doggen, von denen Sultan und Tyras die bekanntesten sind. Diesem Umstand dürfte es auch zuzuschreiben sein, dass in der Literatur um Neunzehnhundert für die Deutsche Dogge zeitweise die Bezeichnung »Reichshund« oder »Nationalhund« Verwendung fand.

Otto von Bismarck mit seinen Doggen um 1890.

Kopfstudie »Tyras«. (Bronze um 1900).

Sammlung Dr. Krautwurst.

DER ERSTE RASSESTANDARD

Stellt man sich heute die Frage, ab wann man vom Beginn einer planmäßigen Zucht - und der Rassebezeichnung Deutsche Doggen - sprechen kann, so ist dies ohne Zweifel das Jahr 1880. Damals wurden in einer Versammlung von Züchtern und Richtern unter dem Vorsitz von Dr. Bodinus in Berlin die ersten Rassemerkmale für verbindlich erklärt und die Rassebezeichnung im Ursprungsland festgelegt. Damit waren auch die bis dahin üblichen Bezeichnungen »Dänische Dogge« und »Ulmer Dogge« entfallen. In diesem ersten Rassestandard oder Rassebeschreibung, wie man ihn damals nannte, heißt es unter »1. Allgemeine Erscheinung: Die Deutsche Dogge vereinigt in ihrer Gesamterscheinung Größe, Kraft und Eleganz wie kaum eine andere Hunderasse, sie hat nicht das Plumpe und Schwerfällige des Mastiffs, ebensowenig die zu schlanke und leichte, an den Windhund erinnernde Form, sondern hält die Mitte zwischen beiden Extremen.«

Dieser erste Standard unterscheidet sich in wesentlichen Punkten wie: Kopf, Hals, Rumpf, Farbe und Größe noch erheblich vom heutigen Standard, mit dem wir uns im Kapitel 2 befassen wollen. Das Doggenhafte wurde anfangs viel stärker betont, auch der Kopf sollte nur mäßig lang und mit starker Backenmuskulatur versehen sein. Die Brust wurde breit und tief und der Rücken ausgesprochen lang gefordert. Auch die Farben wiesen ein breiteres und anderes Spektrum als heute auf. Die Gestromten z. B. waren mit den Grundfarben goldbraun, gelb, schiefergrau, eisengrau oder aschgrau zugelassen. Bei den Gefleckten war eine silbergraue Grundfarbe erlaubt und ein so genanntes Glasauge sogar erwünscht. Die züchterischen Bestrebungen einen edleren und formschönen Hund zu erhalten, bei dem die Überbetonung des Doggenhaften zugunsten einer edlen Form in den Hintergrund trat, führten dazu, dass der Standard bereits 1891 moderneren Vorstellungen angepasst wurde.

GESCHICHTLICHER ZUCHTVERLAUF

Mit dem ersten Rassestandard (1880) wurden die Voraussetzungen für eine planmäßige Zuchtarbeit geschaffen. Es kam schrittweise zur Registrierung der ersten Hunde für die Eintragung in den Band 1 des Deutschen Doggen Stammbuches (D.D.St.B.), der im Jahre 1897 von dem am 12.01.1988 in Berlin gegründeten »Deutschen Doggen Club« herausgegeben wurde.

In dieser Zeit konzentrierten sich die Zuchtbestrebungen zwar immer mehr auf das äußere Erscheinungsbild zugunsten des Rassestandards, wobei die Zucht aber doch wesentlich durch Einzelpersönlichkeiten beeinflusst wurde.

An erster Stelle sei hier Herr Max Hartenstein aus Plauen genannt. Hartenstein hat in den Jahren 1874 bis 1895 die Zucht in großem Maßstab betrieben und zusätzlich dadurch unterstützt, dass er stets das beste Zuchtmaterial für hohe Preise aufkaufte.

Annähernd zur gleichen Zeit von 1878 bis 1890 legte in Berlin Herr E. Mester den Grundstein für die Zucht im Norden. Im deutschen Doggenstammbuch wird am besten ersichtlich, welch gro-

Hartensteins Doggengruppe (DD.St.B.1).

ßen Einfluss dieser Züchter ausgeübt hat, die größte Anzahl der damaligen Ahnentafeln führt auf seine Zucht zurück.

In Süddeutschland war es Herr B. Ulrich aus Doss, der ebenfalls in großem Rahmen züchtete, besonders seine Hunde Harras I und II und mehrere Zuchthündinnen wie Bella, Nonitta und Noriga sind in den ersten Stammbüchern ausgewiesen.

Der letzte hier genannte Zwinger der damaligen Zeit war unter dem Namen »Schwalbennest« der des Herrn Aichele in Berlin. Er war seit 1886 vorrangig eine Zuchtstätte des blauen Farbschlages.

Im Ganzen gesehen verlief das Zuchtgeschehen um 1900 bis zum Ausbruch des 1. Weltkrieges verhältnismäßig ruhig. Einen Einblick in diesen Entwicklungsabschnitt geben uns die damaligen Stammbücher. Bereits das erste, 1897 mit 538 Eintragungen erschienene, gibt Aufschluss über den Eintragungsmodus nach Name, Farbschlägen und Geschlecht, es weist eine umfangreiche Illustration auf und enthält u. a. die Rassekennzeichen sowie die Entwürfe zu den Satzungen des Deutschen Doggen Club und des Deutschen Doggen-Zuchtverein.

Bis zum Ausbruch des Ersten Weltkrieges, der die Zucht fast zum Erliegen brachte, erschienen sechs Stammbücher mit insgesamt rund 3000 Eintragungen. Darunter nimmt der Doppelband IV/V von 1913 mit seinen Darstellungen zum erreichten Stand der Zucht eine Sonderstellung ein. Der Erste Weltkrieg hinterließ für die Zucht und Haltung der Deutschen Doggen schwerwiegen-

Doggenfigur-Darstellung um 1893 anlässlich des Jubiläum 100 Jahre NDDC 1993. Sammlung Dr. Krautwurst.

de Folgen. Nur ein geringer Teil 30-jähriger Zuchtarbeit war verblieben, aus den wenigen, noch vorhandenen Zuchttieren musste die Rasse wieder aufgebaut werden. Es ist deshalb um so erstaunlicher, dass bis zum Jahre 1922 schon wieder 885 Welpenregistrierungen ins Stammbuch erfolgten. Bis 1925 wurde bereits ein quantitativ und qualitativ beachtliches Zuchtergebnis erreicht. Die Gesamteintragungen beliefen sich mit dem Band X des Stammbuches auf 9.450.

Bemerkenswert erscheint, dass zu dieser Zeit erlaubt war, alle Farbschläge miteinander zu kreuzen. Das führte auch zu Farbvarianten, die man keinen der bekannten Farbschläge zuordnen konnte, sie wurden als andersfarbig zusammengefasst. Die genetischen Hintergründe dieser Farbvariationen sind heute wissenschaftlich abgeklärt und können bei sachkundiger Verpaarung vermieden werden.

Zu einem der hervorragendsten Zwinger der 20er Jahre zählt der »v. der Saalburg« des Züchters Karl Färber in Bad Homburg. Besonders die Rüden Bosko und Dolf sind als nachhaltig positive Vererber bekannt geworden.

Gelber Doggenrüde »Basko v. d. Saalburg«.

ZB-Nr.: 4584.

Beide Rüden fanden in der Zucht sehr oft Verwendung und brachten hervorragende Nachkommen, man sprach von einem so genannten »Bosko-Dolf-Typ«. Diese positiven Ergebnisse waren im Laufe der Zeit von gehäufter Inzucht und deren unerwünschten Folgen begleitet. Nach unbestätigten Angaben soll man diesem Problem durch Einkreuzung von schwarzen und blauen Vertretern in die gelb-gestromten entgegengewirkt haben. Fest steht nur so viel, dass »Dolf v. d. Saalburg« mit gefleckten Hündinnen gepaart wurde, denn er ist der Vater des gefleckten »Jagla

Gestromter Doggenrüde »Dolf v. d. Saalburg«

ZB-Nr.: 8281.

WT: 02.07.1924.

Maguntia«, der wiederum ein hervorragender Stammrüde im Allgemeinen und im Speziellen auch für die spätere Zucht im Zwinger »Funken v. d. Heide« wurde. W. Funk aus Potsdam gehörte mit seiner Zucht »Funken v. d. Heide« zu den erfolgreichen Züchtern, die aus der Farbmischlingszucht eine Reinzucht, vorwiegend im blauen Farbschlag, aufbauten. In die Zuchtbücher wurden von 1925 bis 1945 von diesem Zwinger 129 Würfe eingetragen.

Hinsichtlich Zuchtorganisation war in den Jahren nach dem Ersten Weltkrieg wieder eine Zersplitterung in mehrere Vereine und Clubs eingetreten, was eine allumfassende Organisation nicht ermöglichte. Nach vielen Mühen gelang es dann am 18.08.1929 eine Einigung aller Doggenclubs auf den das Land umfassenden »Deutschen Doggenverein« zu erreichen.

In Ergänzung der Zucht- und Eintragungsbestimmungen fasste die Jahreshauptversammlung 1931 weitreichende Beschlüsse. So die Körung als höchste Form der Zuchtbeurteilung, die Ausstellung eines Deckscheines, die Begrenzung auf nur sechs Welpen pro Wurf, Abschaffung der Einzeleintragungen, alphabetische Namenspflicht der Würfe, Einstellung der willkürlichen Farbmischlingszucht ab 1933.

Der Deutsche Doggenverein wurde 1933 nach der Machtergreifung der Nationalsozialisten in »Fachschaft für Deutsche Doggen« umbenannt und dem Reichsverband für das Deutsche Hundewesen zugeordnet.

Zwischen den 30er Jahren und dem Ausbruch des Zweiten Weltkrieges bewegte sich die Zucht der Deutschen Doggen qualitativ wie quantitativ auf einem sehr hohen Stand. Es ist hier nicht möglich, auf die vielen Zwinger im Einzelnen einzugehen.

Zuchtgruppensieger »vom Ruheland«. Welthundeausstellung Frankfurt/M. 1935. Ehrenpreis des Königs von Belgien.

Auch die Beteiligung der Deutschen Doggen an Ausstellungen war sehr stark, sie betrug im Mittel 150 Tiere und darüber. In der Zeit vor dem Krieg zeichneten sich aber auch die ersten starken Rückgänge der Welpeneintragungen beim Zuchtbuchamt ab.

Mit Ausbruch des Zweiten Weltkrieges wurde der Rückgang der Zucht von Jahr zu Jahr immer offensichtlicher und führte bis zum Ende des Krieges fast zur gänzlichen Dezimierung der Rasse. Nur wenigen Züchtern war es unter großen persönlichen Entbehrungen gelungen, einige Zuchttiere über die Wirren dieses furchtbaren Krieges zu erhalten.

In den Nachkriegsjahren konnte sich die Zucht kaum entwickeln und wurde durch das Verbot der Alliierten bezüglich Vereinsgründung erschwert. Zunächst fanden sich auf lokaler Ebene in Ost und West Züchter, die den Neuanfang vorbereiteten.

Durch die Teilung Deutschlands verlief der Prozess des Zuchtaufbaus zweiseitig und unterschiedlich. In der BRD fand am 26./27. Januar 1952 in Bad Nauheim eine Hauptversammlung statt, wo der Club eine neue Satzung mit den dazugehörigen Ausführungsbestimmungen erhielt und zu seinem alten Namen »Deutscher Doggen Club 1888 e.V.« zurückfand. Nach dieser Restitution des Deutschen Doggen Club (DDC) im Jahre 1952 waren in der BRD wieder Voraussetzungen geschaffen, die Zucht aufzubauen und zu fördern. Das bezieht sich u. a. auf die Möglichkeit des Im- und Exports von Zuchttieren, die freie Deckrüdenwahl im In- und Ausland, die Zugehörigkeit zur FCI, so dass die Zucht gut vorankommen konnte und internationales Ansehen genoss.

Alles in Allem wurde viel geleistet. Auf die Zuchtordnung, Zuchttauglichkeit und andere die Entwicklung der Zucht beeinflussende Maßnahmen wird in weiteren Kapiteln näher eingegangen.

Eine Vielzahl von Zuchttieren aus hervorragenden Zuchtstätten bestimmten und bestimmen in Vergangenheit und Gegenwart das Profil der Doggenzucht in Deutschland, so dass es schier unmöglich ist, auf einzelne Zuchtstätten hier näher einzugehen.

Als ein historischer Meilenstein erscheint sicher das Jahr 1987, als das Ohren-Kupieren in Deutschland verboten wurde. Noch Jahre nach dem Kupierverbot sah man auf Ausstellungen kupierte und unkupierte Doggen im gleichen Ring nebeneinander. Der Deutsche Doggen Club zog 1991 die Konsequenz und verbot das Ausstellen kupierter Hunde auf nationalen Schauen. Es wurde zur Aufgabe der Züchter, ein formschönes, hängendes Ohr herauszuzüchten und dem schmerzhaften Eingriff des Kupierens ein Ende zu setzen. Im Grunde genommen war dieser kosmetische Eingriff in unserer Zeit nichts anderes als eine Kapitulation vor der Genetik.

Es soll auch nicht unerwähnt bleiben, dass sich im Jahre 1988 einige Mitglieder vom DDC trennten und die nunmehr auch vom Verband für das Deutsche Hundewesen (VDH) anerkannte »Kynologische Gesellschaft für Deutsche Doggen e.V.« gründeten.

Die Rassegeschichte der Deutschen Dogge wäre unvollständig, wenn *35 Jahre Zucht im Osten Deutschlands* losgelöst vom DDC keine Beachtung finden würde.

Es wurde schon darauf hingewiesen, dass durch die politische Teilung Deutschlands auch der Aufbau der Rasse zweiseitig und vor allem unterschiedlich verlief. Während in der Bundesrepublik Deutschland (BRD) die Leitung wieder in den Händen des DDC lag, wurden in der Deutschen Demokratischen Republik (DDR) die Deutschen Doggen einer Spezial-Zucht-Gemeinschaft (SZG) der Sektion Dienst- und Gebrauchshundewesen (SDG) zugeordnet. Obmann der SZG wurde Frau E. Abesser-Dieterle, die schon Jahrzehnte erfolgreich in ihrem Zwinger »vom Dietrichseck« den gelb-gestromten und später den blauen Farbschlag züchtete.

Gegenüber der BRD gab es hier für die Zucht ungleich schwerere Bedingungen. Verbote für Im- und Exporte von Zuchttieren sowie für Deckakte im Ausland führten zu einer gewissen Isolation der Zucht.

Ursus »v. Dietrichseck«. ZB-Nr. 818 (SZG) im Alter von 10 Monaten. WT: 12.09.1952. Aus den Anfangsjahren der ostdeutschen Zucht. Züchter: E. Abesser-Dieterle 1. Vorstand (Obmann) der SZG Deutsche Doggen.

An der Hauptversammlung des DDC im Jahre 1954 nahmen noch Mitglieder der »SZG Deutsche Doggen« antrags- und stimmberechtigt am Leben des DDC teil. Ab 1955 wurde das nicht mehr gestattet, und es kam zur Herausgabe des ersten Bandes des Zuchtbuches für Deutsche Doggen im Selbstverlag der SZG. Bis zur Wiederzusammenführung mit dem DDC wurden es 26 Bände mit 13.640 Welpeneintragungen. In diesen 35 Jahren SZG konnte trotz erschwerter Bedingungen eine solide Zuchtbasis geschaffen werden.

Alfaron »v. Borntal« (blau).
ZB-Nr.: 11161 (SZG).

Spitzenrüde, Anfang der 80er Jahre
Foto: Rechtacek.

Lebensalter: 11,5 Jahre.

Im Rahmen der Möglichkeiten zentraler Richtlinien erließ die Zuchtleitung der SZG, den jeweiligen Erfordernissen entsprechend, Maßnahmen zur Aufrechterhaltung des Gesundheitsstatus der Rasse. So war Inzestzucht nicht gestattet. Hündinnenbesitzern oblag die Pflicht, die Deckrüdenauswahl gemeinsam mit dem Zuchtwart vorzunehmen, dieser händigte danach das Deckscheinformular aus. Das führte u. a. mit dazu, dass 61 % aller Zuchtrüden auch Zuchtverwendung fanden (Auswertung 1988) und damit der Einengung des Genpools entgegengewirkt wurde. Bestrebungen nach Siegerverpaarungen gab es kaum, da jährlich nur ein Sieger unter allen Farbschlägen vergeben wurde (Rüde und Hündin). Der Inzuchtkoeffizient konnte u. a. durch die genannten Maßnahmen relativ niedrig gehalten werden und betrug bei Deckrüden beispielsweise 1988 im Durchschnitt nur 3,42 %. Dabei waren die Gefleckten mit 1,37 % als kaum ingezüchtet anzusprechen (eigene Auswertung im Auftrag der SZG). Zuchterlaubnis erhielten nur Tiere, die merkmalfrei von Hüftgelenksdysplasie (HD 0/0) waren.

Die Zuchttauglichkeitsprüfung (ZTP) für Zuchttiere oblag nach zwei Jahren einer einmaligen Wiederholungspflicht, um eventuell erst dann sichtbar gewordene Erbfehler festzustellen und die Tiere von der Zucht auszuschließen oder unter Zuchtlenkung zu stellen. Von großer Bedeutung für die angestrebte Zuchtwertschätzung der Elterntiere war die durchgeführte Nachzuchtbeurteilung (NZB) der Junghunde im Alter ab neun Monate. Um möglichst ganze Würfe zu erfassen, waren verantwortungsbewusste Züchter bestrebt, alle Welpenkäufer zur Teilnahme mit ihren Junghunden an der NZB zu veranlassen.

Abschließend sei noch vermerkt, dass zur Verhinderung finanzieller geschäftlicher Bestrebungen für die Züchter einheitliche Deck- und Welpengebühren festgeschrieben waren.

Nach Auflösung der SZG Deutsche Doggen im ersten Halbjahr 1990 erfolgte die Aufnahme der meisten verbliebenen Mitglieder im »Deutschen Doggen Club 1888 e.V.«. Die Hoffnung vieler Züchter der damaligen SZG, dass aus diesem Anlass zumindest einige bewährte Zuchtrichtlinien der SZG Eingang in die Zuchtordnung des DDC finden würden und eine planmäßige Zuchtlenkung beider, nicht verwandter »Schläge«, zur Genpoolerweiterung der gesamten Rasse erfolgt, ging leider nicht in Erfüllung. Sicher wird die künftige Rassegeschichte darüber befinden, inwieweit hier eine Chance zur Verbesserung der Erbgesundheit ungenutzt blieb.

Aslak »v. Heidelberger Schloß«. ZB-Nr.: 13066 (SZG), WT: 18.12.1985. Züchter und Besitzer Christa Pein, Jena. Jugendsieger der Intern. Rassehundeausstellung Brno 1987, Jugendbester der DDR 1987. DDR-Sieger 1988. Foto: E. Menk.

Kapitel 2

RASSESTANDARD

WAS VERSTEHT MAN UNTER EINEM RASSESTANDARD?
Im ersten Kapitel »Rassegeschichte« konnten wir davon ausgehen, dass von einer Rasse erst dann gesprochen werden kann, wenn die Rassemerkmale festgelegt sind. Diese besonderen Merkmale, durch die sich die betreffenden Tiere von anderen Rassen unterscheiden, bezeichnet man als Rassekennzeichen. Von der Zuchtorganisation werden dann schließlich die Anforderungen an diese Merkmale und Kennzeichen im Rassestandard formuliert. Somit ist der Rassestandard im weiteren Sinne auch gleichzeitig Zuchtziel.

DER GEGENWÄRTIGE RASSESTANDARD

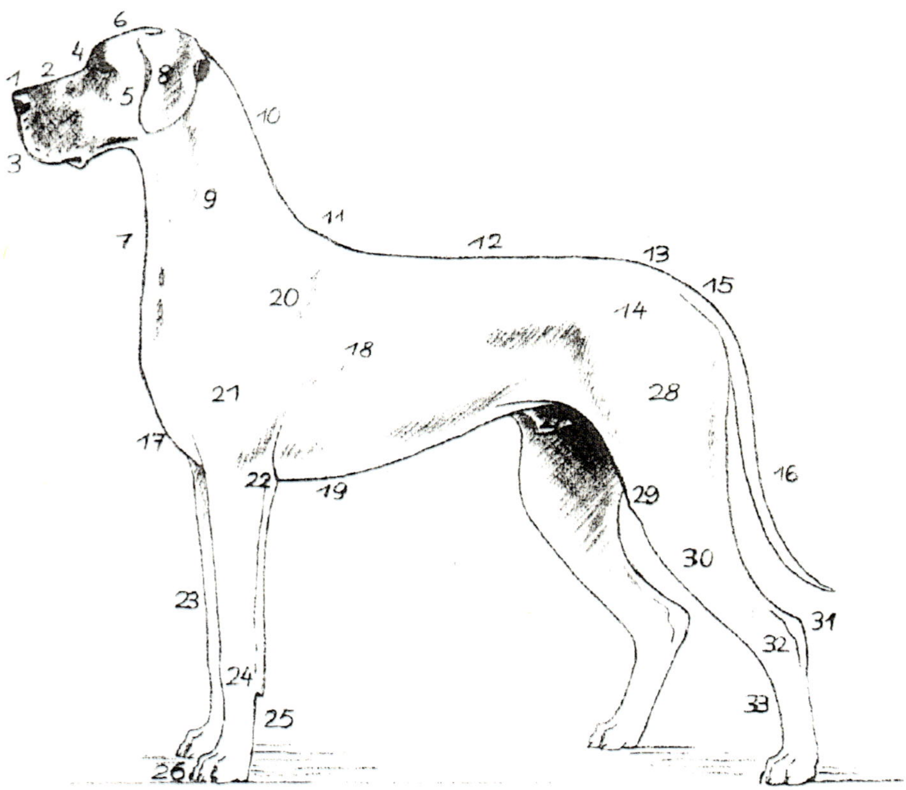

1 Nase	12 Rücken	23 Unterarm
2 Nasenrücken	13 Kruppe	24 Vorderfußwurzelgelenk
3 Lefze (Oberlippe)	14 Becken	25 Vordermittelfuß
4 Stirnabsatz (Stop)	15 Rutenansatz	26 Zehen
5 Backe	16 Rute	27 Glied
6 Oberkopf	17 Vorbrust	28 Oberschenkel
7 Kehlgang	18 Seitenbrust (Rippenkorb)	29 Kniescheibe
8 Ohren	19 Unterbrust	30 Unterschenkel
9 Hals	20 Schulterblatt	31 Sprungbeinhöcker
10 Nacken	21 Oberarm	32 Sprunggelenk
11 Widerrist	22 Ellenbogengelenk	33 Hintermittelfuß

Die Forderungen im Rassestandard bzw. das Zuchtziel beziehen sich immer auf den gewünschten Idealhund der Rasse. Diesem Ziel soll der Züchter so nahe wie möglich kommen. Voll inhaltlich erreichen wir es nie, da mit fortschreitender Entwicklung, neuen Erkenntnissen und Erfordernissen das Zuchtziel und somit der Rassestandard von Zeit zu Zeit einer Revision unterzogen werden muss. Dabei ist besondere Vorsicht geboten, dass mit der Revision keine Wunsch- oder Modevorstellungen in den Standard einfließen, die unter Umständen zu Krankheiten bei den Tieren führen könnten.

Auch ein bestätigter Standard sollte sofort einer Revision unterzogen werden, wenn sich herausstellt, dass Merkmalsforderungen der Gesunderhaltung nicht dienlich sind.

Der Rassestandard wird vom Verband für das Deutsche Hundewesen e.V. (VDH) und der Fédération Cynologique Internationale (FCI) für verbindlich erklärt.

Mit der offiziellen Anerkennung des Standards durch vorgenannte Organisationen ist gleichzeitig Deutschland als Ursprungsland der Rasse »Deutsche Dogge« bestätigt. Der Standard hat offiziellen Charakter und gilt für die Rasse in allen Ländern. Er ist weiterhin die Grundlage für Zuchtrichter zur Beurteilung der Hunde, aber auch verbindliche Anleitung für die Züchter von Deutschen Doggen.

Die offizielle Bezeichnung des letzten überarbeiteten Rassestandards für Deutsche Doggen lautet:
FCI-Standard Nr. 235/09.06.1999/D
Deutsche Doggen
Ursprung: Deutschland - Verwendung: Begleit-, Wach- und Schutzhund

FCI-Klassifikation
Gruppe 2: Pinscher und Schnauzer, Molosser und Schweizer Sennenhunde
Sektion 2.1. Molosser, doggenartige Hunde ohne Arbeitsprüfung
Als Erstes wird ein **geschichtlicher Überblick** zur Rasse gegeben, auf dessen Wiedergabe hier verzichtet werden kann, da diesbezüglich im Kapitel 1 erweitert berichtet wurde.

ALLGEMEINES ERSCHEINUNGSBILD
Die Deutsche Dogge vereinigt in ihrer edlen Gesamterscheinung bei einem großen, kräftigen und wohlgefügten Körperbau Stolz, Kraft und Eleganz. Durch Substanz, gepaart mit Adel, Harmonie

der Erscheinung, einer wohlproportionierten Linienführung sowie ihren besonders ausdrucksvollen Kopf, wirkt sie auf den Betrachter wie eine edle Statue. Sie ist der Apoll unter den Hunderassen.

WICHTIGE PROPORTIONEN
Das Gebäude erscheint nahezu quadratisch; dies gilt besonders für Rüden. Die Rumpflänge (Brustbeinspitze bis Sitzbeinhöcker) soll die Widerristhöhe bei Rüden um nicht mehr als 5 % und bei Hündinnen um nicht mehr als 10 % überschreiten. Die Widerristhöhe beträgt bei Rüden mindestens 80 cm und bei Hündinnen mindestens 72 cm.

VERHALTEN/CHARAKTER (WESEN)
Freundlich, liebevoll und anhänglich gegenüber ihren Besitzern, besonders gegenüber Kindern; zurückhaltend gegenüber Fremden. Gefordert wird ein selbstsicherer, unerschrockener, leichtfüßiger, gelehriger Begleit- und Familienhund mit einer hohen Reizschwelle, ohne Aggressivverhalten.

KOPF - Oberkopf - Schädel
In Harmonie zur Gesamterscheinung langgestreckt, schmal, markant, ausdrucksvoll, fein gemeißelt (besonders die Partie unter den Augen); die Augenbrauenbögen gut entwickelt, ohne jedoch hervorzutreten. Der Abstand von der Nasenspitze zum deutlich betonten Stop und vom Stop zum schwach ausgeprägten Hinterhauptbein soll möglichst gleich sein. Die oberen Linien von Fang und Schädel sollen parallel verlaufen. Von vorne gesehen muss der Kopf schmal erscheinen, wobei der Nasenrücken möglichst breit und die Backenmuskeln nur leicht angedeutet sein sollen, keinesfalls stark hervortretend.
Stop: Deutlich betont.
Gesichtsschädel, Nasenschwamm: Gut ausgebildet, mehr breit als rund und mit großen Öffnungen. Er muss schwarz sein, mit Ausnahme bei schwarz-weiß gefleckten Doggen. Bei diesen ist eine schwarze Nase erwünscht und eine schwarz gefleckte oder fleischfarbene zu tolerieren.
Fang: Soll tief und möglichst rechteckig sein. Gut erkennbare Lefzenwinkel. Dunkel pigmentierte Lefzen. Bei schwarz-weiß gefleckten Doggen sind unvollständig pigmentierte oder fleischfarbene Lefzen zu tolerieren.
Kiefer/Zähne: Gut ausgebildete, breite Kiefer. Kräftiges, gesundes und vollständiges Scherengebiss (42 Zähne gemäß der Zahnformel).
Augen: Mittelgroß, rund, möglichst dunkel, mit lebhaftem, klugem Ausdruck. Bei blauen Doggen sind etwas hellere Augen zulässig. Bei schwarz-weiß gefleckten Doggen sind helle oder Augen unterschiedlicher Farbe zu tolerieren. Die Lider sollen sehr gut anliegen.
Ohren: Von Natur aus hängend, hoch angesetzt, von mittlerer Größe, vordere Ränder an den Backen anliegend.
Hals: Lang, trocken, muskulös. Gut ausgebildeter Ansatz, sich zum Kopf hin leicht verjüngend, mit geschwungener Nackenlinie. Aufgerichtet getragen, dabei etwas schräg nach vorne geneigt.

KÖRPER
Widerrist: Der höchste Punkt des kräftigen Körpers. Er wird gebildet durch die Schulterblattkämme, die Dornfortsätze überragen.
Rücken: Kurz und straff, in annähernd gerader Linie geringfügig nach hinten abfallend.

Lenden: Leicht gewölbt, breit, kräftig bemuskelt.
Kruppe: Breit, stark bemuskelt, vom Kreuzbein zum Rutenansatz hin leicht abfallend und unmerklich mit dem Rutenansatz verlaufend.
Brust: Bis zu den Ellenbogengelenken reichend. Gut gewölbte, weit zurückreichende Rippen. Brust mit guter Breite, mit ausgeprägter Vorbrust.
Untere Profillinie und Bauch: Nach hinten gut aufgezogen, mit der Unterseite des Brustkorbes eine schön geschwungene Linie bildend.
Rute: Bis zum Sprunggelenk reichend. Hoch und breit angesetzt, sich zum Ende hin gleichmäßig verjüngend. In der Ruhe mit natürlichem Schwung herabhängend, in der Erregung oder im Lauf leicht säbelartig getragen, doch nicht wesentlich oberhalb der Rückenlinie. Bürstenrute nicht erwünscht.

GLIEDMASSEN
Vorderhand: Schultern Kräftig bemuskelt. Das Schulterblatt, lang und schräg liegend, bildet mit dem Oberarm einen Winkel von etwa 100 bis 110 Grad.
Oberarm: Kräftig und muskulös, gut anliegend, sollte etwas länger als das Schulterblatt sein.
Ellenbogen: Weder auswärts noch einwärts drehend.
Vorderfußwurzelgelenk: Kräftig, stabil, sich nur unwesentlich von der Struktur des Unterarms abhebend.
Vordermittelfuß: Kräftig, von vorne gesehen gerade, von der Seite gesehen nur gering nach vorne gerichtet.
Vorderpfoten: Rundlich, hoch gewölbt und gut geschlossen (Katzenpfoten), Nägel kurz, stark, möglichst dunkel.
Hinterhand: Das gesamte Knochengerüst ist von starken Muskeln bedeckt, die Kruppe, Hüfte und Oberschenkel breit und abgerundet erscheinen lassen. Die kräftigen, gut gewinkelten Hinterläufe stehen, von hinten gesehen, parallel zu den Vorderläufen.
Oberschenkel: Lang, breit, sehr muskulös.
Knie: Kräftig, nahezu lotrecht unter dem Hüftgelenk stehend.
Unterschenkel: Lang, von etwa gleicher Länge wie der Oberschenkel, gut bemuskelt.
Sprunggelenk: Kräftig, stabil, weder nach innen noch nach außen gerichtet.
Hintermittelfuß: Kurz, kräftig, nahezu senkrecht zum Boden stehend.
Hinterpfoten: Rundlich, hoch gewölbt und gut geschlossen (Katzenpfoten). Krallen kurz, stark, möglichst dunkel.

GANGWERK
Harmonisch, geschmeidig, raumgreifend, leicht federnd, wobei sich die Läufe, von vorne und von hinten gesehen, parallel bewegen müssen.

HAUT
Straff anliegend, bei Einfarbigen gut pigmentiert. Bei schwarz-weiß gefleckten Doggen entspricht die Pigmentverteilung überwiegend der Fleckung.

HAARKLEID
Haar: sehr kurz und dicht, glatt anliegend, glänzend.
Farbe: Die Deutsche Dogge wird in drei selbständigen Varietäten gezüchtet: Gelb und Gestromt, Gefleckt und Schwarz, Blau.

Gelb: Hellgoldgelb bis zum satten Goldgelb, schwarze Maske erwünscht. Nicht erwünscht sind kleine weiße Abzeichen an Brust und Zehen.
Gestromt: Grundfarbe Hellgoldgelb bis zum satten Goldgelb, mit schwarzen, möglichst gleichmäßigen und klar gezeichneten, in Richtung der Rippen verlaufenden Streifen; schwarze Maske erwünscht. Nicht erwünscht sind kleine weiße Abzeichen an Brust und Zehen.
Schwarz-weiß gefleckt: (so genannte Tigerdoggen) Grundfarbe Reinweiß, möglichst ohne jede Stichelung, mit über den ganzen Körper gut verteilten, ungleichförmigen, zerrissenen Flecken. Nicht erwünscht sind graue oder bräunliche Fleckenanteile.
Schwarz: Lackschwarz, weiße Abzeichen sind zugelassen; hierzu zählen auch die Manteltiger, bei denen das Schwarz mantelartig den Körper bedeckt und Fang, Hals, Brust, Bauch, Läufe und Rutenspitze weiß sein können.
Blau: Rein stahlblau, weiße Abzeichen an Brust und Pfoten sind zugelassen.

GRÖSSE
Widerristhöhe: Bei Rüden mindestens 80 cm, bei Hündinnen mindestens 72 cm.

Zu allen im Standard angeführten Rassemerkmalen werden im Einzelnen noch die unerwünschten Abweichungen aufgezeigt und als Fehler bezeichnet. Zusammengefasst heißt es:

FEHLER
Jede Abweichung von den vorgenannten Punkten sollte als Fehler angesehen werden, dessen Bewertung im Verhältnis zum Grad der Abweichung stehen sollte.

SCHWERE FEHLER = AUSSCHLIESSENDE FEHLER
Wesen: Scheue, Aggressivität, Angstbeißen.
Gebiss/Zähne: Vorbiss, Rückbiss, Kreuzbiss.
Augen: Ektropium, Entropium.
Rute: Knickrute.
Nase: Leberfarbene Nase, Spaltnase.
Farben: Gelbe und gestromte Doggen mit weißem Stirnstrich, weißem Halsring, weißen Pfoten oder »Strümpfen« und weißer Rutenspitze. Blaue Doggen mit weißem Stirnstrich, weißem Halsring, weißen »Strümpfen« oder weißer Rutenspitze. Bei schwarz-weiß gefleckten Doggen: weiße ohne jedes Schwarz (Albinos) sowie taube Doggen; so genannte Porzellantiger (diese zeigen vorwiegend blaue, graue, gelbe oder auch gestromte Flecken); so genannte Grautiger (diese haben bei schwarzer Fleckung eine graue Grundfarbe).

ANMERKUNGEN ZUM STANDARD
Standard - Zuchtziel - Idealhund sind auf Schönheit ausgerichtet. Abgesehen von zwei, als schwere Fehler angesprochenen Augenkrankheiten findet man im Standard keine Bemerkung, die auf Gesundheitsprofilaxe deutet.

Der gegenwärtige Status der Erbgesundheit unserer Hunde führt aber nach internationaler Übereinstimmung der Genetiker und Tierärzteschaft zu Fitnessschwäche und Kurzlebigkeit. Das bedeutet auch für die Standardisierung der Rassemerkmale ein Umdenken in der Reihenfolge Gesundheit - Leistung - Schönheit.

Ein typischer Vertreter des blauen Farbschlages. Poln. Champion. Turbo vom Borntal - WT: 05.04.1994. Besitzer: G. Tempel - Foto: G. Tempel.

Die Deutsche Dogge gehört mit Gewissheit zu den Rassen, deren Anatomie und Exterieur ihr in keiner Weise eine Einschränkung der Lebensqualität auferlegen. Im Unterschied zu einigen anderen Rassen sind für die Deutsche Dogge weder die Zuchtordnung (wenn auch revisionsbedürftig) noch bestimmte Standardformulierungen so ausgelegt, dass sie zwangsläufig zu anatomischer Entartung oder Krankheit führen.

Nun unterliegt aber unsere Rasse, wie alle Individuen, den Gesetzen der Natur, wobei durch Re- und Neukombinationen der Erbinformationen, bei bewusster oder auch unbewusster Selektion eine Merkmalsvariabilität zu erwarten ist. Unter diesem Gesichtspunkt sollten bei der Standardisierung die Körperproportionen und Riesenwachstum nicht außer Acht gelassen werden.

Nach einer Vielzahl von eigenen Beobachtungen, Vergleichen und Bestätigungen durch wissenschaftliche Untersuchungen sei mir eine kurze Bemerkung zur Standardforderung bezüglich Gebäude-Proportionen gestattet. Große Hunde mit nahezu quadratischem Gebäude, breiter und auch relativ tiefer Brust, bei gewünschter gut aufgezogener Bauchlinie, stellen eigentlich im Faktorenkomplex die anatomische Komponente zur Auslösung der gefürchteten Magendrehung dar. Ein weiteres Merkmal, das mit den Anforderungen zum Gebäude in direktem Zusammenhang steht ist das im Allgemeinen förmlich angestrebte Riesenwachstum. Das Fehlen einer oberen Begrenzung für die Widerristhöhe setzt dem Ehrgeiz der Züchter in Richtung Gigantenzucht keine Grenzen. Bekannte Veterinärmediziner wie Prof. Dr. Alexander Herzog verweisen auf gesundheitliche Störungen, die im Zusammenhang mit extrem veränderter Größe auftreten: »Beim Riesenwachstum handelt es sich um eine polygen determinierte hyperplastische bzw. partiell hyperplastische Skelettentwicklung« (Herzog 1999). Wir können davon ausgehen, dass Gigantenwachstum dann entsteht, wenn es im Organismus zu vermehrter Wachstumshormonproduktion vor dem Schluss der Epiphysenfugen des Skelettes kommt.

Das Streckenwachstum der Deutschen Doggen braucht einen Zeitraum von mehr als 10 Monaten, erst dann nehmen die Strukturelemente der Knochen an Menge zu und die Epiphysenfugen schließen sich. Aus diesen und anderen Gründen zeigt sich bei Riesenwachstum eine verstärkte Disposition zu Osteochondrosis dissecans (OCD), Spondylose, Ellenbogengelenksdysplasie, Hüftgelenksdysplasie (HD) und zu anderen schweren Gelenkserkrankungen. Mit diesen Veränderungen am Skelettsystem sind die gesundheitlichen Schäden des Riesenwachstums keineswegs erschöpfend dargelegt, man bedenke nur die Auswirkungen auf die funktionelle Einheit vom Skelett zur Muskelmasse, Lungenkapazität, Effizienz des Herzkreislaufsystems u. a. m.

Aus dieser Erkenntnis abgeleitet, kann ich abschließend aufgrund meiner Erfahrungen nochmals wiederholen: Je größer ein Hund, um so leistungsschwächer ist er! In der Rassebeschreibung des DDC von 1897 soll die Widerristhöhe eines Rüden nicht unter 76 cm, möglichst 80 cm, die einer Hündin nicht unter 70 cm, möglichst 75 cm betragen. In der gegenwärtigen Population der Deutschen Dogge sind Rüden mit über 90 cm und Hündinnen mit mehr als 80 cm Widerristhöhe absolut keine Ausnahme.

11 Monate alter Rüde mit einer RH v. 91 cm.

Foto: I. Krautwurst.

Kapitel 3

SOZIALVERHALTEN

Kenntnisse über Sozialverhalten der Hunde im Allgemeinen und an dieser Stelle für die Deutsche Dogge im Speziellen erscheinen mir von außerordentlicher Wichtigkeit. In unserer weitestgehend denaturierten Gesellschaft ist es vielleicht das allerwichtigste Wissen, was der Hundehalter benötigt, wenn er nicht direkt oder indirekt dazu beitragen will, dass der Hund eine vom Aussterben bedrohte Tierart wird.

Unkenntnis über das Sozialverhalten des Hundes zeigt sich u. a. in Vermenschlichung, falscher oder fehlender Sozialisierung im Rudelverband Hund - Mensch bzw. Familie, artwidriger Haltung und Unterbringung sowie dem Erscheinungsbild bleibender Aggressivität und vieles mehr.

Vom Grundsatz ausgehend sollte man unter Sozialverhalten die Tendenz verstehen, die von jedem Hund ausgeht, sich mit bestimmten Verhaltensweisen anderer Individuen (Mensch, Hund usw.) in seiner Umwelt auseinander zu setzen, um sich schließlich in das Rudel einzuordnen. Es ist ganz normal, dass in einer Gruppe lebender Individuen das Bestreben nach sozialer Rangordnung vorliegt. Aggressive Auseinandersetzungen gehören dabei zum gruppeninternen Sozialverhalten. Dem Mensch obliegt dabei als Gruppen- oder Rudelmitglied die sachkundige Koordinierung.

Konrad Lorenz (1964) bezeichnete die Grundeinheit des Verhaltens als Erbkoordination. Damit sind wir beim Kern des Sozialverhaltens als erblich bedingtes, von der Umwelt beeinflusstes, Merkmal bzw. Eigenschaft. Unter diesem Aspekt hat der Deutsche Doggen Club (DDC) in jahrzehntelanger züchterischer Selektion die »sanften Riesen« als Verhaltensmerkmal seiner Rasse hervorgebracht. Verbunden mit Charakterfestigkeit, Menschenfreundlichkeit, Treue, keinesfalls aggressiv oder scheu, steht der Apoll unter den Hunderassen auch in seinem Sozialverhalten positiv im Vergleich gegenüber vielen Rassen.

Dieser Stand konnte u. a. erreicht werden, indem zu keiner Zeit aggressive oder scheue Doggen die Zuchtzulassung erhielten. Von Seiten des Klubs wurden alle Bestrebungen unterbunden, die Deutsche Dogge zur Schutzhundeausbildung zu führen. Weiterhin hat der DDC spezielle, auf die Rasse abgestimmte Prüfungsordnungen für Fährtenhund- und Unterordnungsausbildung ohne Schutzdienst erlassen. Der Deutschen Dogge wurde somit ein Verhalten angezüchtet und anerzogen, das durch eine hohe Reizschwelle gekennzeichnet ist. Mit ihrer Ruhe und Gelassenheit beeindruckt sie auch manchen nicht gerade hundefreundlich gesinnten Zeitgenossen.

Ihre hervorragenden Wesensmerkmale wurden im Rassestandard in Kapitel 2 bereits beschrieben. Nachfolgend soll ihr Sozialverhalten zusammenfassend umrissen werden, um davon ausgehend im Weiteren die Erfordernisse dessen Erhaltung darzulegen.

CHARAKTER DER DEUTSCHEN DOGGE

Wir wollen diese kurze Charakterisierung mit der Maßgabe zusammenfassen, dass die Ausprägung des sozialen Verhaltens ohne Störungen für das Tier stattgefunden hat. Es sei deshalb auch gestattet, das Verhalten auf den Begriff Charakter als die Gesamtheit der kennzeichnenden

Harmonisch und ausgeglichen: Die Doggengruppe vom Hause Rawert.
Foto: M. Völzer.

Wesensmerkmale zu reduzieren. Wir besaßen und liebten sechs Rassen, züchteten über 50 Würfe, aber das Wesen der Deutschen Dogge macht eine absolute Ausnahme. Alle 21 Deutsche Doggen, die wir vom Welpenalter bis zu ihrem Ableben besaßen bzw. besitzen, waren extrem liebevoll auf uns Menschen fixiert. In ihren Augen spiegelte sich sowohl Freude, Dankbarkeit als auch Trauer wieder. Sie waren alle friedlich und anhänglich gegenüber Familienangehörigen. Die Deutsche Dogge behält ihre Menschen ständig im Blickfeld und möchte nur unter ihnen leben. Wir hatten niemals eine aggressive Dogge und nicht ein einziger Mensch oder ein Tier wurde in dreißig Jahren durch unsere Doggen irgendwie geschädigt. Trotzdem verwehren sie Fremden durch Stellen und Verbellen den Zutritt zum Grundstück.

Dem hervorragenden imposanten Erscheinungsbild der Rasse kommt ihr edler Charakter nicht weniger zugute. Alle unsere Doggen waren bzw. sind ausgesprochen feinfühlig und gelehrig, sie beobachten ständig und wissen ganz genau im Voraus, welche Handlungen von uns als nächste erfolgen. Grobheiten und Lautstärken ertragen sie schwermütig. Sind wir traurig, nehmen sie es sofort wahr und bleiben an unserer Seite. Für mich sind Deutsche Doggen »Menschen-Hunde«.

DOGGEN UND IHRE MENSCHEN

Einleitend hatten wir das Sozialverhalten des Hundes und speziell das rassespezifische der Deutschen Dogge besprochen. Gleichzeitig konnten einige Fakten aufgezeigt werden, die schließlich in Unkenntnis der Sozialisierungserfordernisse zu Verhaltensstörungen führen können. An Beispielen der Deutschen Dogge wurde ihr hervorragendes Verhalten - Wesen - Charakter als Ergebnis der Erbkoordination dargestellt.

Nun geht es darum, wie muss das menschliche Verhalten sein, um ein optimales Mensch - Doggen - Verhältnis zu gewährleisten. Damit ist die Psyche des Menschen gemeint, die Gesamtheit seiner höheren Nerventätigkeit, die immer an die jeweilige Persönlichkeit gebunden und demzufolge von Person zu Person verschieden ist. Einfach ausgedrückt bedeutet das, jeder Mensch hat ein anderes Wahrnehmungs-, Erinnerungs-, Gedächtnis-, Willens- und Beherrschungsvermögen. Demzufolge ist auch nicht jeder Mensch als Hundehalter und besonders nicht als Halter oder Züchter der sensiblen Rasse Deutsche Dogge geeignet. Wer eine Dogge wider alle Vernunft behandelt, sie schlägt oder andererseits für falsches Verhalten lobt, wird sie zu Grunde richten. Bei derartigem Umgang ist die Wahrscheinlichkeit gegeben, dass die Dogge durch Reizüberflutung ihrem Reflexverhalten entsprechend reagiert, den Besitzer womöglich anfällt und schwer verletzt.

Wird die Dogge durch Unvernunft gereizt, womöglich noch bei mangelndem Kontakt zu ihrem Besitzer, kann ihr hervorragendes Wesen ruiniert werden und ins Gegenteil umschlagen - Scheue oder Aggressivität.

Liebevolle Haltung der Doggen, Grand Eleganz der Züchterin A. Pravitas (Österreich).

Ständige Reizüberflutung durch übertriebene Lautstärke des Radios, des Fernsehgerätes und anderen Lärm in der Wohnung erscheinen sicher jedem vernünftigen Menschen als keine Voraussetzung für harmonische Beziehungen zur Dogge. Alle Menschen mit groben und unbeherrschtem Verhalten scheiden von vornherein als Halter Deutscher Doggen aus. Auch übermäßiger Ehrgeiz evtl. noch gekoppelt mit Ungeduld wird zu keiner artgerechten Erziehung oder Ausbildung führen.

Jegliche Zwangsmaßnahmen direkter oder indirekter Art wie Würger, Stachelhalsband, Wurfkette, Stromeinwirkung und anderes mehr zeichnen den ungeeigneten Doggenhalter aus, er wird sein Tier Schritt für Schritt wesensmäßig verschlechtern.

Die Deutsche Dogge ist viel zu intelligent, um so genannte indirekte Ausbildungshilfen nicht sofort zu durchschauen. Deshalb gehört sie auch auf keine Gebrauchshunde-Übungsplätze, sondern unter fachgerechte Erziehung in die Ortsgruppen des DDC.

Die Aufzählung ungeeigneter Charakteristika der psychologischen Gegebenheiten der Menschen gegenüber der Deutschen Dogge soll an dieser Stelle abgebrochen werden. Der Leser wird ohnehin schon zu dem Schluss gekommen sein, dass ausgehend von den Darlegungen zum Sozialverhalten bzw. rassespezifischem Verhalten der Dogge nur einfühlsame Menschen die vollendete Freude im Zusammenleben mit ihr erfahren.

Nach Aneignung der erforderlichen Kenntnisse über das Sozialverhalten dürfte die Frage: Deutsche Dogge - für wen? - entschieden sein. Natürlich gehören zu dieser Entscheidung noch weitere grundsätzliche Voraussetzungen wie Unterbringung, Aufzucht, Ernährung, Pflege, Gesundheitsfürsorge, täglicher Bewegungsbedarf u. a. m.

Wie wir bereits feststellen konnten, hat jeder Hund die Tendenz, sich mit den Verhaltensweisen anderer Individuen in seiner Umwelt auseinander zu setzen. Schon bald wird auch die heranwachsende Dogge, ihren Trieben und Instinkten folgend, die Rangordnung in der »Ersatzmeute Familie« festlegen wollen. Das ist der Zeitpunkt, an dem der Mensch eingreifen und in dieser Rangordnung die dominierende Stellung einnehmen muss. Es gilt der Dogge die Stellung des Alpha-Tieres richtig vorzuleben, damit sie sich in den Rudelverband einordnet. Wie jeder andere Hund kann die Dogge sehr gut lernen, auf bestimmte Töne oder Zeichen zu reagieren und dafür ein erstaunliches Erinnerungsvermögen entwickeln. Sie wird um so leichter und schneller lernen, je mehr mit ihr geübt wird. Bei ihrer Intelligenz unterscheidet sie sehr schnell zwischen Lob und Tadel, vorausgesetzt der Tonfall der menschlichen Stimme und das dafür verwendete immer gleiche Vokabular sind dem Erfordernis angepasst. Richtig angebrachtes Loben und Tadeln sind ausreichende Mittel zur Einordnung der Deutschen Dogge in den Familienverband. Dies gilt natürlich nur dann, wenn sie vorher den Sinn der menschlichen Handlung begriffen hat.

VERHALTEN ZUR FAMILIE, KINDERN UND HAUSTIEREN

Gehen wir noch einmal vom Sozialverhalten der Deutschen Dogge und ihrem sprichwörtlich sensiblen Wesen aus, dann wird leicht verständlich, dass sie in der **Familie** den Meuteersatz findet. Zu ihrem Besitzer und der ganzen Familie fordert sie dabei einen engen Kontakt. Die Dogge will und muss den Tag mit ihren Menschen erleben. Diesem Verhalten liegt direkt der bereits beschriebene mehr oder minder ausgeprägte Trieb zur Rangeinordnung zu Grunde. Dem Besitzer muss es dann gelingen, dass sich die Dogge ihm als Ranghöherem unterordnet. Wird bei der jungen Dogge, schon bei den »niedlichen« Welpen durch allerlei Vermenschlichung die Rangfolge zu Gunsten der Dogge vertauscht, kommt es zu gegebener Zeit zu unliebsamen Vorfällen, in denen die Dogge als Rudelführer der Familie allerhand Schwierigkeiten bereitet. In solchen Fällen führt auch der Weg zur Hundeschule selten zum Erfolg. In der Regel bereitet aber die Einordnung eines Welpen in die Familie keine Schwierigkeiten. Er schließt sich in den meisten Fällen zuerst dem Familienmitglied an, von dem er die Mahlzeiten erhält und gepflegt bzw. betreut wird. Bei entsprechender Konsequenz und Einfühlungsvermögen gelingt es dann relativ schnell, die Dogge zu einem hervorragenden Begleithund zu erziehen.

Das Leben im Familienverband Hund - Mensch gestaltet sich in Abhängigkeit von der Anzahl Doggen, die eingegliedert werden, wesentlich unterschiedlich. Ein oder zwei Tiere bringen in der Regel keine Probleme. Eigene Erfahrungen führten eindeutig zu der Erkenntnis, dass der Haltung von zwei Doggen unbedingt der Vorrang gebührt. Neben vielen Vorteilen, wie ein besseres Ausleben des Bewegungsdranges im Freien und ausgelassenes Spielen, ist es die Gemeinsamkeit, die der sensiblen Dogge in Abwesenheit der Familie Ruhe und Ausgeglichenheit verleiht. Hunde sind eben Meutetiere und keine Einzelgänger.

Ausgelassenes Spiel der Gelb-Gestromten »vum Rotscheid« der Züchterin Margit Völzer (Luxemburg). Foto: M. Völzer.

Das »Harlekin« - Rudel der Familie Fuchs (Niederlande). Foto: W. Fuchs.

Die Verhältnisse des Familienanschlusses sind beim Züchter, der mehrere Zuchttiere hält, ganz anders. Bedingt durch den sich ständig vollziehenden Rangordnungskampf in der Meute gibt es hier, normale Haltungsbedingungen vorausgesetzt, kein vereinsamtes Einzeltier, aber völlig andere Anforderungen an den Halter. Dieser muss unbedingt über allen das Meutetier Nummer eins sein. Das ist oft nicht einfach, wenn mehrere Rüden und Hündinnen vorhanden sind, und birgt immer die Gefahr von schweren Bissverletzungen im Rangordnungskampf. Auch hier sind ethologische Kenntnisse des Doggenhalters gefragt, wenn er das Verhalten im Rudel rechtzeitig erkennen und durch richtiges Handeln Gefahren ableiten will. Anbahnende Rangkämpfe dürfen niemals durch Isolierung der betreffenden Tiere zu regeln versucht werden.

Zum Verhältnis Dogge und **Kind** ist schon sehr viel, aber auch viel vermenschlichter Unsinn geschrieben worden. So wird die Größe der Deutschen Dogge mit ihrer angeblich besonderen Kinderfreundlichkeit in Zusammenhang gebracht. Ein besonderes Gefühl der Überlegenheit wurde ihr im Umgang mit Kindern angedichtet. Schließlich fordert der Rassestandard ein freundliches liebevolles anhängliches Verhalten (Wesen), besonders gegenüber den Kindern. Nun hatten wir anfangs zum Sozialverhalten die züchterischen Maßnahmen gewürdigt, die zu Ruhe, Gelassenheit und hoher Reizschwelle als Rassemerkmal führten, so dass wir den kleinen Passus im Standard kritiklos hinnehmen können. Diese rassespezifischen Eigenschaften dürften sich zumindestens bei der Sozialisierung auf Kinder erleichternd auswirken. Aber nur in der sachverständigen Anbahnung des Instinktverhaltens des Meutetieres Hund erreichen wir das so viel gepriesene positive Verhalten gegenüber kleinen Kindern. Im Grund kann das nur das Ergebnis einer intensiven beidseitigen Erziehung sein und bedarf der ständigen Aufsicht durch Erwachsene.

Nun sind wir wieder beim Sozialverhalten, denn Welpen nehmen in der Meutehierarchie noch

Kind und Welpe der Familie Preiss in guter Prägung.

Foto: I. Krautwurst.

Der kleine Benjamin im Vertrauen mit seinem Freund Arvid Arne. Zuchtstätte vom Blauen See (Schweiz). Foto: I. Krautwurst.

keinen Rang ein, ebenso verhält sich die ausgewachsene Dogge gegenüber kleinen Kindern. Junge Doggen wiederum gehen wie kleine Kinder auch oft rücksichtslos mit der Umwelt um, dadurch sind ohne Aufsicht kleine Katastrophen an der Tagesordnung, große und ganz große könnten für später vorprogrammiert werden. So imposant auf uns auch die bildlichen Darstellungen bzw. die Gemeinsamkeit Kind und Dogge wirken mögen, wir sollten immer bedenken, dies kann nur in einer funktionellen Rangordnungsfolge von Bestand sein.

Plötzliche tragische Entwicklungen durch Rangordnungsveränderungen können eintreten, wenn die Familie Nachwuchs erhält und sich im Ergebnis alles um das Baby dreht. Die Dogge sieht durch den »Eindringling« die bisherige Rangordnung gefährdet und beißt im Bestreben, diese wieder herzustellen, folgerichtig zu, um den »Fremdling« aus dem Rudel zu vertreiben. Diese Entwicklung lässt sich jedoch vermeiden, wenn der Hund systematisch vernünftig, ohne Angst der Eltern, mit dem Familienzuwachs vertraut gemacht wird. So wird sehr bald ein inniges Verhältnis von Dogge und Kleinkind entstehen.

Wird ein Kind gemeinsam mit Deutschen Doggen unter Beachtung ethologischer Erkenntnisse durch die Erwachsenen aufgezogen, so führt das immer zu einem guten Doggen - Mensch - Verhältnis.

Unter Doggen aufzuwachsen führt zu einem harmonischen Verhältnis.
Kind - Doggen »vom Borntal«. Foto: I. Krautwurst.

Tierfreundschaften.

Foto: M. Rawert.

Im *Umgang mit anderen Tieren* werden Doggen als besonders verträglich hervorgehoben. Man beschreibt ausgesprochene Tierfreundschaften. Doggen sind keine Raufer, wie das auf jeder Hundeausstellung sichtbar nachzuvollziehen ist. Auch Hunden anderer Rassen gegenüber verhalten sie sich im Allgemeinen loyal. Dieses Verhalten hat seinen Ursprung in dem hinreichend beschriebenen rassespezifischen Verhalten der Deutschen Dogge. Wie wir aber ebenfalls ausführlich besprochen haben, hängt das Verhalten in hohem Maße auch vom Halter der Dogge bzw. seinem Verhältnis zu ihr ab. Bei nicht artgerechter Behandlung oder mangelnder bzw. gar keiner Gewöhnung an andere Tiere kann es, wie bei jedem anderen Hund auch, zu direkten Tierfeindschaften kommen. Je jünger die Dogge vernünftig an andere Tiere gewöhnt wird, desto erfolgreicher wird das Vorhaben sein.

Nun stößt man in unserer zentralisierten und gegenwärtig weitgehend hundefeindlichen Gesellschaft auf mangelnde Gelegenheit, die Dogge an mehrere verschiedene Tierarten zu gewöhnen. Das vertraute Neben- und Miteinander ergibt sich dann eben nur aus der möglichst Gewöhnung. Unsere Doggen erhalten ihre Freiräume für ihre tägliche Bewegung im Sommer zwischen Koppeln mit Pferde- Schaf- und teils auch Rinderherden. Gegenüber Schafen und Rindern besteht ein beiderseitiges zurückhaltendes Verhältnis, während die Pferde fast täglich den Hunden entgegenkommen und sich von ihnen die Nase belecken lassen.

Gewöhnung an Zootiere. Deutsche Doggen vom Rieseneck.

Foto: A. Brunner.

SOZIALVERHALTEN UND UNTERBRINGUNG

Den grundlegenden Aspekt des Sozialverhaltens hatten wir als die Tendenz zur Auseinandersetzung mit anderen Individuen und der Umwelt bezeichnet. Die Gesamtheit der das Wesen beeinflussenden Umweltfaktoren ist sehr umfassend und hat sicher einen stärkeren Einfluss auf die Ausprägung der Wesenseigenschaften als der Erblichkeitsgrad (Heritabilität). Es würde der Thematik des Buches widersprechen, auf die Vielzahl diesbezüglicher Umweltfaktoren einzugehen.

Abschließend zu diesem Kapitel sollen noch die Zusammenhänge der Wesensbeeinflussung durch artgerechte Unterbringung beschrieben werden. Es dürfte wohl kaum einen ordentlichen Doggenzüchter geben, der seine Welpenbewerber nicht mit der Frage nach der Unterbringung eines künftig so großen Tieres konfrontiert. Wollte ich es mir einfach machen, da es hier um die Gestaltung optimaler, dem Verhalten zuträglicher, Bedingungen geht, so könnte ich die Frage mit dem bereits zweimal zitierten Satz beantworten. »Die Dogge will und muss den Tag mit ihren Menschen erleben«. So bedeutsam diese Forderung ist, so relativ ist sie aber auch. Wer ist schon in der

Lage, alle Anforderungen des täglichen Lebens mit der Dogge an seiner Seite zu bewältigen. Wie gestalten wir nun in unserem übervölkerten Zeitalter die Unterbringung einer oder mehrerer Doggen so, dass dies ihrem Wohlbefinden angepasst ist, um ihre Psyche optimal zu entfalten?

Da steht als Erstes immer wieder Zwinger- oder Wohnungshaltung als Fragestellung, beides kann nicht absolut mit ja oder nein beantwortet werden. Nur eines ist entschieden abzulehnen - die ständige Zwingerhaltung, womöglich noch in dem vom Handel hinreichend angebotenen so genannten Musterzwingern. Diese Unterbringung kommt für die Doggen einer Haftanstalt mit unausbleiblichen seelischen Schäden gleich. Wenn Doggen im Freien gehalten werden müssen, wie z. B. beim Züchter, dann sollten diese Anlagen (nicht Zwinger) voll inhaltlich den Anforderungen des DDC auf der Grundlage des Tierschutzgesetzes entsprechen. Ob Züchter oder Hobbyhalter mit ein oder zwei Doggen, diese Anlagen, die möglichst die Lager für die Tiere innerhalb eines Massivteiles haben, dürfen nur in Abwesenheit der Familie oder für die Nachtzeit belegt werden. Ansonsten sollte die Verbindung in ein großes, vor Ausbruch geschütztes Freigelände und zum Familienkontakt führen. Suchen die Doggen vom Freigelände aus diese Anlagen selbständig auf, dann ist das Wohlbefinden der Tiere in dieser Umgebung gewährleistet.

Freianlage v't Buitengebeuren mit Zugang zum Haus der Familie v. d. Vijver (Niederlande).

Foto: L. v. d. Vijver.

Eine Haltung von zwei bis drei Doggen im Eigenheim der Familie bei ständig freiem Zugang in einem zum Haus gehörenden Garten ist ohne Zweifel ideal.

Befassen wir uns nun noch mit der Unterbringung Deutscher Doggen in ausschließlicher Wohnungshaltung, d. h. ohne angrenzende Freiflächen, die sie selbständig nutzen können, wie das in größeren Mehrfamilienhäusern fast ausschließlich der Fall ist. Die Haltung mehrerer Tiere oder die Zucht und Aufzucht von Welpen verbietet sich hier nicht nur aus hygienischen Gründen, sondern aus einer Vielzahl von Widersprüchen gegenüber einer gesunden Hundehaltung.

Auch bei der Aufzucht eines einzelnen Welpen in der Wohnung treten eine Reihe von Problemen auf, die fachgerecht gelöst werden müssen, um die junge Dogge in dieser wichtigen

Prägungsphase nicht negativ zu beeinflussen. Die Wohnungshaltung wird weniger durch die Größe der Wohnung, als vielmehr durch die Möglichkeit des täglich erforderlichen Auslaufes, den der Doggenhalter seinem Tier gewährt, das Wesen beeinflussen. Unabhängig von ihrer Größe ist die Einzeldogge im Familienverband ein ruhiges Tier, das immer bemüht ist, sich einzuordnen bzw. anzupassen. Man muss den Haltern unserer Rasse mit Hochachtung entgegentreten, die ihre Wohnung unter Wahrung aller hygienischen Erfordernisse mit der Dogge teilen und ihr täglich die notwendige Bewegung verschaffen.

Zusammenfassend wollen wir zum Kapitel 3 »Sozialverhalten« festhalten: Bevor Sie den Kauf einer Deutschen Dogge ernstlich in Erwägung ziehen, sollten Sie gründlich prüfen, ob Sie auch alle Voraussetzungen gewährleisten können, denn das ist erforderlich, um das gute Wesen dieser sanften Riesen zu erhalten.

Kapitel 4

ZUCHT

Ein verantwortungsbewusster Doggenzüchter versteht unter dem Begriff Zucht angewandte Genetik. Erkenntnisse der Vererbungsforschung eröffnen ihm neue Wege und Alternativen, die Zucht auf Erbgesundheit, Leistung und Schönheit besser als in der Vergangenheit auszurichten. Nun kann aber kein Züchter losgelöst von der Population seiner Rasse erfolgreich züchten. Es stellt sich deshalb für die Zuchtleitungen im Hundewesen die Aufgabe, veraltete, der Erbgesundheit nicht mehr dienliche Zuchtreglements nach dem Wissenstand der Vererbungsforschung umzustellen. Das heißt konkret - die Einführung populationsgenetischer Zuchtmethoden unter Nutzung molekularbiologischer Erkenntnisse.

DER ZÜCHTER

Es gibt wohl bei jeder Rasse passionierte Züchter und Vermehrer. Weit verbreitet sind die Bezeichnungen Hobbyzüchter und Massenzüchter. Ein Hobbyzüchter muss nicht unbedingt ein passionierter Züchter sein. Er ist es gewiss nicht, wenn er ohne jeglichen Willen zur Aneignung genetischen Grundwissens nur zur Reproduktion der Rasse beiträgt. Massenzüchter hingegen dürften wohl kaum auf solider genetischer Grundlage ihre Vermehrungszucht betreiben.

Aus den Satzungen und Ordnungen des Deutschen Doggen Club 1888 e.V. (DDC) geht eindeutig das Anliegen hervor, kommerzielle, gewerbsmäßige und sachunkundige Züchter von der Deutschen Dogge fern zu halten. *Massenzüchter* zu definieren ist sicher subjektiv. In Kenntnis des in jeder Hinsicht optimal erforderlichen Aufwandes für einen Wurf beginnt nach meiner Meinung Massenzucht ab drei Würfen pro Züchter und Jahr.

Die nachfolgende Zusammenstellung der Wurfhäufigkeit anhand von Zuchtbuchunterlagen 1995 bis 1999 weist in der Züchterkategorie mit ein bis zwei Würfen im Jahr rund 90 % aus. Die Kategorien ab drei Würfen haben eine stark fallende Tendenz. Das berechtigt zu der Feststellung, dass die Zucht der Deutschen Dogge nicht in den Händen von Massenzüchtern liegt, obwohl diese zweifelsfrei vorhanden sind.

Wurfhäufigkeit in den Zuchtstätten des DDC in %
Zuchtbücher Band 95 bis Band 99

Vom Züchter gemeldete Würfe	Bd. 95	Bd. 96/97	Bd. 98	Bd. 99	Insgesamt 1995 bis 1999
Ein Wurf	79,31	68,35	76,07	75,36	74,33
Zwei Würfe	13,78	14,67	16,29	16,58	15,45
Drei Würfe	3,45	10,02	4,30	4,75	5,87
Vier Würfe	3,45	2,29	2,39	1,89	2,43
Fünf Würfe u. mehr	0.00	4,59	0,96	1,42	1,92
Würfe insgesamt	**145**	**218**	**209**	**211**	**783**

Einen guten Züchter erkennt man an vielen seiner Verhaltensweisen gegenüber seiner Dogge. Erstens wird er nur Verpaarungen vornehmen, die in jeder Hinsicht durchdacht sind und dem Rassetyp entsprechende und erbgesunde Nachkommen erwarten lassen. Er wird die Zucht nur dann betreiben, wenn alle im folgenden Unterkapitel beschriebenen Voraussetzungen vorhanden sind. Den passionierten Züchter zeichnet weiterhin seine lebenslange unerschütterliche Liebe zu seinen Zuchthündinnen aus, von denen er meist nur zwei oder maximal drei besitzt. Für ihn ist es undenkbar, dass eine seiner erwachsenen Doggen verkauft oder verschenkt wird, nur weil sich ein Zucht ausschließendes Merkmal einstellt. Nie käme er auf die Idee, seine Hündin, die aus Altersgründen aus der Zucht geht, abzugeben, um Platz für eine neue zu haben. Gerade der alten Dogge wird er seine ganz besondere Liebe, Zuneigung und Pflege angedeihen lassen. Es ist sein Stolz, eine alte, gut gepflegte Dogge noch recht lange zu besitzen.

Mit einer Hündin wird er nicht allzu viele Würfe züchten, soll sie doch sein Leben bereichern und nicht zur Gebärmaschine degradiert werden.

Für den außenstehenden Leser sei noch erwähnt, dass mehrere Würfe pro Jahr nur mit verschiedenen Zuchthündinnen gestattet sind. Die Zuchtordnung schreibt außerdem in Abhängigkeit von der Anzahl der aufgezogenen Welpen neben einem Wurf pro Jahr noch so genannte Zuchtsperren von 1,5 bzw. zwei Jahren für die betreffende Hündin vor.

Zu den seit dem Jahre 2000 eingeleiteten Maßnahmen, die der Züchter in Ergänzung der Zuchtordnung erfüllen muss, wird im Anschluss berichtet, sie werden zu einer weiteren Verbesserung der züchterischen Qualität der Rasse führen.

Hündin in guter Zuchtkondition. Foto: M. Völzer (Luxemburg).

ZUCHTVORAUSSETZUNGEN

Alle organisierten Züchter von Deutschen Doggen sind den Satzungen, dem Rassestandard und der Zuchtordnung (ZO) verpflichtet. Das bedeutet, dass die Erlaubnis zur Zucht und der dazu erforderliche Zwingernamenschutz erst nach der Erfüllung einer Reihe von Anforderungen vergeben wird. Es erscheint sicher verständlich, dass für die Zucht einer so großen Rasse besondere Voraussetzungen an die Unterbringung der Zuchthündin und ihrer Welpen erforderlich sind.

Der DDC hat deshalb im Mai 1999 auf der Grundlage des § 2 des Tierschutzgesetzes in der Fassung vom 25.Mai 1998 diesbezüglich weitere Mindestanforderungen als Anhang in Ergänzung zur ZO beschlossen. Erst nach Erfüllung dieser Gesamtanforderungen wird einerseits die Zuchterlaubnis erteilt und zum anderen für die bereits bestehenden Zuchtstätten die Fortsetzung der Zucht gestattet.

Außer diesen materiellen und für den Tierschutz relevanten Voraussetzungen stellt der Club hohe Anforderungen an die zur Zucht zugelassenen Tiere. Das beginnt schon bei den Vorschriften zur Erlangung der Zuchtzulassung (ZZL). Das Mindestalter zur Teilnahme beträgt für Rüden 18 und für Hündinnen 16 Monate (Zuchteinsatz für Rüden nach Vollendung des 20. - und für Hündinnen des 18. Lebensmonates). Weitere Teilnahmevoraussetzung ist eine gut lesbare Tätowierung, möglichst im linken Ohr und die Einsendung einer Blutprobe zur evtl. Erstellung des genetischen Fingerprintings. Der Röntgenbefund der Hüftgenksdysplasie (HD) muss bereits auf der Ahnentafel eingetragen sein. Unter Berücksichtigung des verhältnismäßig langzeitigen Verknöcherungsverlaufes des Skeletts der Deutschen Dogge darf das HD-Röntgen erst nach Vollendung des 15. Lebensmonats erfolgen.

Erst wenn diese Voraussetzungen erbracht sind, kann die Deutsche Dogge zur Beurteilung für die Zuchttauglichkeit vorgestellt werden. Die Zuchttauglichkeit der Deutschen Dogge setzt einen HD-Befund -frei- bis maximal -leicht- voraus, wobei für HD-frei die Ziffer -0- und für HD-leicht -2- eingetragen wird. Dazwischen findet eine Bezifferung -1- als »Grenzfall« für HD-Freiheit Verwendung. Ein weiteres Kriterium für die Zuchttauglichkeit ist eine möglichst korrekte Zahnstellung und das Vorhandensein eines kompletten Scherengebisses. Die gesamte Beurteilung des Exterieures des Tieres wird über ein umfangreiches Punktbonitursystem durchgeführt und in einem Zuchtzulassungsbericht zum Ausdruck gebracht.

Erteilte Zuchtzulassungen können durch den Zuchtleiter des DDC widerrufen werden, wenn im Nachhinein Zucht ausschließende Fehler bekannt werden, Manipulationen vorlagen oder vermehrtes Auftreten von Erbfehlern bei den Nachkommen dieser Dogge feststellbar sind.

Außer der Zuchtzulassung ist für besonders geeignete Hunde eine Körung (Körzucht) möglich. Die Körung der Deutschen Dogge kann 365 Tage nach bestandener ZZL erfolgen, wenn das Tier das dritte Lebensjahr erreicht hat, ein korrektes volles Scherengebiss und den HD-Befund »0« oder »1« aufweist.

Zur Zuchtvoraussetzung gehören auch genaue Kenntnisse der ZO bezüglich Zuchtverwendung der zur Zucht zugelassenen Hunde. Zum Mindestalter von 20 Lebensmonaten beim Rüden und 18 Lebensmonaten bei der Hündin wurde schon berichtet. Hündinnen dürfen nur bis zum Ablauf des achten Lebensjahres Zuchtverwendung finden. Pro Kalenderjahr darf nur einmal mit der Hündin gezüchtet werden, bei Wurfstärken über sechs Welpen werden die bereits genannten Schongrenzen auferlegt.

Für Rüden kann über das achte Lebensjahr hinaus eine Verlängerung der Zuchtzulassung beantragt werden. Im Kalenderjahr dürfen ihm höchstens 40 Hündinnen zum Decken zugeführt werden. De facto wird diese Zuchtverwendungsgrenze nach meinem Kenntnisstand bei weitem nicht erreicht. Andererseits ist unverkennbar, dass das breite »Mittelfeld« guter Deckrüden keine oder kaum Zuchtverwendung findet. Die Zuchtleitung wird bald zu der Erkenntnis kommen, hier Maßnahmen einzuleiten, die einer Einengung der genetischen Varianz entgegenwirken, will sie nicht Gefahr laufen, dass sich die ca. 450 bekannten Erbdefekte in der Rassehundepopulation *(Wachtel 1997)* auch in der Doggenzucht weiter ausbreiten. Es geht hierbei um die Lösung der Problematik, dass der Züchter durch zentrale Zuchtsteuerung seine individuelle züchterische Freiheit nicht zu weit eingeschränkt bekommt und andererseits gewährleistet wird, dass ein zentrales Zuchtgremium auch in der Lage ist, mit evtl. Listenvorschlägen für Rüdenzuweisung den genetischen und anatomischen Erfordernissen Rechnung zu tragen.

Eine typische Rassevertreterin des blauen Farbschlages.
Foto: I. Krautwurst.

ZUCHTVERFAHREN

Die Zucht der Deutschen Dogge ist gegenwärtig voll inhaltlich auf das Zuchtverfahren der *Reinzucht* ausgerichtet. Inzucht und Auszucht sind dabei wesentliche Verfahrensweisen. Gestattete Paarungsvarianten der einzelnen Farbschläge, die zu den noch ausführlich zu besprechenden Farbvarietäten gehören, sind keine Kreuzungen als Zuchtverfahren, sondern ebenfalls Reinzucht als Verpaarungen von Tieren gleicher Rasse.

Farbschläge und Varietäten

Mit der Beschreibung des »Rassestandard - Heute« in Kapitel 2 wurden bereits die fünf gegenwärtigen Farbschläge genannt. Wir wollen diese hier nochmals darstellend charakterisieren, weil sie uns nicht absolut einheitlich im Farbphänotyp gegenüberstehen, was zu Fehldeutungen führen kann. In einigen Fällen werden der Genetik widersprechende Bezeichnungen verwendet. Aus den gestatteten Paarungsvarianten spalten außerdem noch so genannte Fehlfarben aus, die ebenfalls einer Erklärung bedürfen und schließlich sind die in der Zuchtordnung fixierten drei Farbvarietäten mit ihren Vor- und Nachteilen zu beschreiben.

Die Deutsche Dogge wird in den Farbschlägen: Gelb, Gestromt, Gefleckt, Schwarz und Blau gezüchtet. Dabei sind, mit Ausnahme der Gefleckten, alle Farbschläge miteinander, aber nicht alle untereinander zur Verpaarung gestattet. Drei Paarungsmöglichkeiten untereinander ergeben die so genannten Farbvarietäten, diese sind: **Gelb mit Gestromt; Schwarz mit Gefleckt; Schwarz mit Blau.** Die Reihenfolge der Benennung von Gelb bis Blau ist schon fast als historisch zu bezeichnen. Wir müssen aber im Folgenden diese Systematisierung verlassen, da wir uns im Kapitel »Züchtung« befinden und genetischen Grundsätzen den Vorrang geben.

York v. Borntal, WT: 21.02.1997. Dt. Champion, VDH-Champion, Züchter u. Besitzer: I. u. Dr. F. Krautwurst, Foto: I. Krautwurst.

Der schwarze Farbschlag

Die schwarze Fellfarbe stellt den Grundtypus bzw. die Grundfarbe bei der Deutschen Dogge dar. In reinerbiger (homozygoter) Genkonstellation dominiert sie über alle anderen Farbschläge (Merle-Faktor ausgenommen). Wir können davon ausgehen, dass die anderen Farbtypen durch Mutation der Schwarzen entstanden sind. Aus Verpaarungen reinerbiger schwarzer Doggen mit gestromten, gelben oder blauen fallen in der F1-Genration immer schwarze mischerbige (heterozygote) Welpen. Der Standard gestattet beim schwarzen Farbschlag weiße Abzeichen, diese sind ebenfalls das Ergebnis einer Mutation und verhalten sich gegenüber der vollen Farbgebung rezessiv. Das Gen für Weißfleckigkeit tritt in unterschiedlicher Variationsbreite in Erscheinung. Liegt am Gen keine Mutation vor, dann sind auch keine Abzeichen vorhanden. Die geringste Mutations-Wirkung führt zu kleiner weißer Fleckung, eine weitere Ausbreitung reduziert die Pigmentierung bis zum Erscheinungsbild der Manteldoggen. Die stärkste Mutation führt schließlich zu Plattenhunden mit dem meisten Weiß.

Die schwarze Manteldogge

Bei den Manteldoggen ist die Pigmentierung mantelartig über den Rücken erhalten, nur Hals (Kehlstreifen), Brust, Läufe und Rutenspitze können durch die Depigmentierung weiß sein. Auch am Kopf sind weiße Streifen nicht auszuschließen. Im Standard werden diese Schwarzen noch als »Manteltiger« bezeichnet, was zur Verwechslung mit »Tigerdoggen« (Merle-Doggen) führen kann (siehe unter »Gefleckter Farbschlag«).

Zhivago v.'t Oenselenheen. Ein schöner schwarzer Manteldoggenrüde. Besitzer: Rita Kohl-Ahn (Belgien).

Foto: Kohl-Ahn.

Der schwarze Plattenhund

Hier ist die Pigmentierung bis auf einzelne schwarze Platten reduziert, was oft zur Verwechslung mit der durch den Merle-Faktor hervorgerufenen »Tigerdogge« führt. Manteldoggen wie Plattenhunde gehören grundsätzlich zu dem schwarzen Farbschlag, treten allerdings sehr selten auf, da offensichtlich seit langem gegen große weiße Abzeichen selektiert wurde.

Oben beschriebene genetische Gegebenheiten führen zu folgenden Dominanzverhältnissen bei den Schwarzen: Reinschwarz dominiert über schwarz mit weißen Abzeichen, diese über Manteldoggen und Manteldoggen wiederum über Plattenhunde.

Der Züchter kann aus diesem Erbverhältnis schließlich eine wichtige Schlussfolgerung ableiten und zwar: »Aus der Verbindung zweier Manteldoggen können keine Schwarzen und aus der Verbindung zweier Plattenhunde weder Manteldoggen noch Schwarze gezüchtet werden.«

Plattenhund mit starker Pigmentreduzierung aus der Zucht v. d. Hochwiesen. Foto: Dr. F. Krautwurst.

Der blaue Farbschlag

Die Farbgebung der blauen und schwarzen Doggen ist auf das gleiche Pigment bzw. dessen Vorstufe, das so genannte Eumelanin, zurückzuführen. Blaue Doggen besitzen demnach kein eigenständiges »blaues« Pigment und wären grundsätzlich schwarz, wenn nicht durch eine Mutation die vollständige Auspigmentierung verhindert würde. Diese Mutation führt zu Pigmentverklumpung, aber nicht zu Pigmentverlust und wird als Blaufaktor bezeichnet. Der Blaufaktor stellt somit eine Farbaufhellung (Colour-Dilution) der schwarzen Haare dar. Die Colour-Dilution weist bei der blauen Deutschen Dogge gegenüber anderen Rassen mit Farbaufhellungsfaktor wesentliche Unterschiede auf, die hier nicht im Einzelnen abgehandelt werden können. Allerdings dürften sie die Ursache sein, dass bei der blauen Dogge keine genetische Disposition für Colour-Dilution-Alopezie (Hauterkrankung) nachgewiesen werden kann.

Für die blaue Deutsche Dogge ist eine stahlblaue Farbe wünschenswert, weiße Abzeichen an Brust und Pfoten sind zugelassen. Der Erbgang der weißen Abzeichen entspricht voll inhaltlich dem beim schwarzen Farbschlag beschriebenen. Durch zuchtlenkende Maßnahmen tritt die weiße Zeichnung allerdings gegenwärtig bei den Blauen weniger stark in Erscheinung.

Blue Balou v.'t Buitengebeuren, WT: 30.03.1996. NL Champion, Züchter und Besitzer: L. E. v. d. Vijver. Foto: L. E. v. d. Vijver.

Die Zuchtordnung (ZO) gestattet außer der Verpaarung blau mit blau noch die Variante blau mit schwarz. Damit sind wir bei der ersten der drei Farbvarietäten schwarz/blau, die sich durch folgendes Erbverhalten kennzeichnet: Blau mit blau erbringt auf Grund der Reinerbigkeit dieser Fellfarbe nur blaue Nachkommen.

Reinerbige Schwarze mit Blauen verpaart führen zu 100 % schwarzen mischerbigen (heterozygoten) Nachkommen, die alle den Blaufaktor besitzen. Verpaart man diesen heterozygoten Farbgenotyp untereinander, spalten dann 25 % homozygote schwarze, 50 % heterozygote schwarze und 25 % homozygote blaue Nachkommen im Mittel größerer Populationen aus. Die reinerbigen und mischerbigen Schwarzen sind phänotypisch nicht zu unterscheiden.

Man kann davon ausgehen, dass die Farbvarietät **schwarz/blau,** wie die beiden nachfolgend zu beschreibenden in ihrem Erbgang hinreichend mit den Mendel-Regeln gedeutet werden können. Was zu beanstanden bleibt, ist die unter der ZO festgeschriebene Bezeichnung »schwarz aus blau«. Wie wir gesehen haben, spalten nur Blaue aus Schwarzen aus, aber niemals umgekehrt. Diese schwarz/blauen Genotypen dürfen nicht in der Geflecktzucht zum Einsatz kommen - sie würden dort den Blaufaktor manifestieren.

Der schwarz-weiß-gefleckte Farbschlag

Für die schwarz-weiß-gefleckte Dogge ist die Bezeichnung »Tigerdogge« weit verbreitet und auch im Standard festgeschrieben. Dies findet weder eine genotypische noch phänotypische Berechtigung. Auch »Schwarz-Weiß-Gefleckt« führt nicht selten zu Verwechslungen mit den bereits beschriebenen Manteldoggen und Plattenhunden, deren Weißgrundigkeit aber von einem anderen Gen gesteuert wird.

Im Unterschied zu letztgenannten Zeichnungstypen kennzeichnet sich die schwarz-weiß-gefleckte Dogge durch ihre über den ganzen Körper gut verteilten, ungleichförmigen, zerrissenen schwarzen Flecke. Mantelung über dem Rücken sowie große Plattenmuster entsprechen nicht ihrem Genotyp. Auch die Fleckung der schwarz-weiß-gefleckten Dogge hat ihre Ursache in einer Mutation der schwarzen Grundfarbe. Diese Mutation wird als Merle-Faktor bezeichnet. Liegt sie nicht vor, dann ist die Dogge schwarz auspigmentiert. Die Mutation verhindert teilweise die Pigmentierung des Felles. Diese Bereiche treten dann als weiße Flecke in Erscheinung.

Der schwarz-weiß-gefleckte Farbschlag darf nur mit homozygoten Schwarzen verpaart werden und kennzeichnet somit die Farbvarietät schwarz/gefleckt. Aus dieser Paarungsvariante fallen 50 % schwarze Merle freie und 50 % schwarz-weiß-gefleckte, einfaktorielle Merle-Doggen. Dieser Erbgang findet seine Begründung in der einfaktoriellen unvollständigen Dominanz des Merle-Faktors. Aus Verpaarungen von Gefleckten mit Gefleckten folgt der gleiche Erbgang im Spaltungsverhältnis wie bei den heterozygoten Schwarzen bereits beschrieben:

Gefleckt x gefleckt
↓
F1-Generation
↙ ↓ ↘
25 % schwarz 50 % gefleckt 25 % weiß

Danny v. d. Drei Gleichen, WT: 22.10.1998. Ein Ausstellungsspitzenrüde. Züchter und Besitzer: A. u. I. Kurth. Foto: I. Kurth.

Weiße Dogge
Bei den ausgespaltenen »Weißen« (unverständlicherweise als »Tiger« bezeichnet) liegt der Merle-Faktor in doppelter Dosis vor, sie sind folglich homozygot für Merle. Derartige Genkonstellationen bewirken Sinnesanomalien und Reproduktionsstörungen. Aus diesem Grunde wurde die Verpaarung gefleckter Doggen untereinander vom DDC verboten. In der Geflecktzucht tritt ständig ein gewisser Anteil so genannter »Grautiger« auf, sie sollen in der Beschreibung zu den Fehlfarben mit erläutert werden.

Weiße Dogge - Zeichnung am Kopf lässt keine doppelfaktorielle Merle-Konstellation erwarten. Foto: I. Krautwurst.

Weiße Dogge. Trotz kleiner schwarzer Platten - doppelfaktoriell Merle.

Foto: I. Krautwurst.

Der gelbe und der gelb-gestromte Farbschlag

Diese beiden Farbschläge sollen gemeinsam als dritte Farbvarietät beschrieben werden. Im Unterschied zu den drei anderen Farbschlägen beruht die Synthese ihrer Haarfarbe auf der Grundlage des Phäomelanin als Pigmentvorstufe. Dazu kommt noch die Anwesenheit einer schwarzen Maske, die sich deutlich von der gelben bzw. gelb-gestromten Farbe abgrenzt so wie das Fehlen jeglicher weißer Abzeichen als Ergebnis langjähriger Selektion. Die Färbung beider Farbschläge ist auf eine so genannte Extension (Ausdehnung) zurückzuführen, wobei sich die Extension auf das dunkle Pigment (Maske, Stromung) und nicht auf das gelbe bezieht. So bewirkt ein Allel besonders starke, ein anderes eingeschränkte Ausdehnung (Restriktion). Die Wirkung des Allels für Stromung führt zur schichtweisen Durchsetzung des goldgelben Farbstoffes mit schwarzem Pigment (partizielle Extension) und ruft so ein Tigerstreifen ähnliches Aussehen hervor. Das Restriktionsallel hingegen verhindert die Bildung von schwarzem Farbstoff und führt zur gelben Färbung. Die gelbe Farbe vererbt immer rezessiv, das beweist die Tatsache, dass aus Gelb mit Gelb-Verpaarungen immer gelbe Nachkommen zu erwarten sind. Außerdem können gelbe Nachkommen aus allen Farbverbindungen ausspalten. Der Stromungsfaktor ist grundsätzlich dominant über den rezessiven Gelben. Können wir davon ausgehen, dass der gestromte Partner doppelfaktoriell, also reinerbig ist, dann liegt bei dieser Varietät der gleiche mendelnde Erbgang vor wie er uns aus der Schwarz-Blau-Zucht bekannt ist.

Nach homozygoten Eltern je eines Farbschlages fallen in der F1-Generation nur heterozygote Gestromte. Diese einfaktoriellen mischerbigen Gestromten spalten unter sich verpaart im bekannten Verhältnis auf: *25 % gestromt homozygot, 50 % gestromt heterozygot, 25 % gelb homozygot.*

Zusammenfassend zur Reinfarbenzucht steht ohne Zweifel fest, dass diese zu der edlen imposanten Erscheinung und zum weltweiten Erfolg der Rasse beiträgt. Trotz ihrer Größe steht die

Gestromte und gelbe Dogge in guter Kondition. Foto: M. Rawert.

Deutsche Dogge seit 1998 auf dem 10. Platz der beliebtesten Hunderassen. Wenn sie dieses Image aufrecht erhalten soll, werden sicher innerhalb der relativ kleinen Varietäten-Populationen züchterische Maßnahmen gegen fortschreitende Engzucht notwendig. Die Einführung molekular-biologischer Erkenntnisse werden zur Erweiterung des Genpools der Rasse führen müssen, ohne das Grundprinzip der Reinfarbenzucht zu verlassen.

Zu den Fehlfarben in der Doggenzucht gehören alle Abweichungen von den im Standard geforderten fünf Fellfarben und Zeichnungsmuster. So muss auch diesbezüglich mit der Reinfarbenzucht eine Genpooleinengung der Rassepopulation in Kauf genommen werden. Als herausragende so genannte Fehlfarben werden die bereits erwähnten Grautiger gezählt.

Diese fallen regelmäßig in der Geflecktzucht an, sie besitzen den gleichen Genotyp wie ihre schwarz-weiß-gefleckten Wurfgeschwister. Phänotypisch unterscheiden sie sich von diesen, indem die zur Depigmentierung führende Mutation keine weißen, sondern graue Bereiche hervorgerufen hat. Die genetischen Hintergründe sind noch nicht abgeklärt. Allerdings ist erwiesen, dass aus Verbindungen zweier Grautiger auch schwarz-weiß-gefleckte Nachkommen gezüchtet werden können. Jahrzehnte währender Zuchtausschluss dieses Zeichnungstypes verhinderten natürlich auch einen signifikanten Erkenntnisgewinn zu vielen wichtigen Aussagen. Eigene Recherchen konnten z. B. noch keinen Hinweis erbringen, ob aus der Verbindung Grautiger mit Grautiger neben schwarz-weiß-Gefleckten auch sinnesgestörte »Weißtiger« geboren werden, wie das in der schwarz-weiß-Geflecktzucht der Fall ist oder ob die Grautigerung überhaupt mit Sinnesanomalien in Verbindung gebracht werden kann.

Abschließend noch eine Bemerkung zur Fehlfarbe der so genannten Porzellantiger. Ihr Zeichnungstyp basiert ebenfalls auf der gleichen einfaktoriellen Merle-Gen-Konstellation, phänotypisch erscheinen sie in blau, gelb und gestromt pigmentierter Fleckung. Ihre Existenz setzt diesbezüglich rezessive Farbgene in der Geflecktzucht voraus.

Ein genetisch interessanter Grautiger in Manteldoggenzeichnung, Schweiz 2000. Foto: I. Krautwurst.

Ein »echter« Grautiger in unvollständiger Dominanz des Merle-Gen. Schweiz 2000.

Foto: I. Krautwurst.

INZUCHT UND AUSZUCHT

Die **Inzucht,** das Verpaaren verwandter Tiere, hat in der Hundezucht eine wechselhafte Einschätzung erfahren und wird hinsichtlich Möglichkeiten und Gefahren von den meisten Züchtern nicht richtig eingeordnet.

Nach der Einführung des so genannten »Victorianischen Systems« der Tierzucht durch die Königin Victoria von England (1838 bis 1901) waren die Ergebnisse nach angeordneter Inzucht bezüglich Homogenisierung der Phänotypen gewaltig. Aus vielen Generationen der Naturselektion unterworfener, mit wenig Erbfehlern behafteter Landschläge wurden unsere modernen Rassen durch Inzucht heraus- und hochgezüchtet. Damals waren weder die Mendel'schen-Regeln noch die Grundlagen der Populationsgenetik bekannt. Man ließ sich von dem Erscheinungsbild der Generationen leiten. Aber bereits um 1900 kam es zu erstem Misstrauen gegenüber der Inzucht. Leistungsschwächen traten bei Jagd- und Hütehunden in Erscheinung. Es kamen Bestrebungen gegen die Registrierung und das Inzuchtverfahren auf.

Heute kann, vom Stand der Wissenschaft ausgehend, nachgewiesen werden, dass absolute Isolation innerhalb der Rassen zu immer höherem Inzuchtniveau geführt hat. In deren Ergebnis ist die Zahl der Defektgene in der Rassehundepopulation auf ca. 5000 und die Erbkrankheiten auf 450 angestiegen *(Wachtel 1997)*. Es sei nur kurz darauf verwiesen, dass weder Defektgene noch Erbkrankheiten durch Inzucht entstehen. Erstere sind das Ergebnis von Mutationen, und Erbkrankheiten treten im Gefolge von Homogenisierung der Erbdefekte an den Genloci in Erscheinung. Die durch Inzucht erwünschte Vereinheitlichung des Phänotypes führt somit gleichlaufend zur Einengung der genetischen Varianz, zum Anstieg von Erbkrankheiten, Fitnessschwäche und niederer Lebenserwartung.

Von Inzucht spricht man, wenn Tiere näher miteinander verwandt sind als der Durchschnitt der Population. Wir haben es also bei der Inzucht mit einem relativen populationsgenetischen Begriff zu tun. Im Unterschied zur Großtierzucht kommen in der Hundezucht populationsgenetische Zuchtmethoden kaum zur Anwendung. So ist auch für die Deutsche Dogge zurzeit der durchschnittliche Inzuchtkoeffizient der Population weder für die Rasse insgesamt, noch für die drei kleineren Populationen der eigentlichen Zucht nach Farbvarietäten bekannt. Die seit einigen Jahren eingeführte Genehmigungspflicht für Einzelverpaarungen, aus denen Nachkommen mit einem Inzuchtgrad ab 12,5 % hervorgehen, ist willkürlich festgelegt und zeigt bestenfalls die Einsicht in die Notwendigkeit. Diese Maßnahme konnte noch nicht auf der Basis eines bekannten Inzuchtniveaus der Rasse erfolgen und ist sicher wesentlich zu hoch angesetzt. Ein Inzuchtkoeffizient von 12,5 % ist im klassischen Fall das Ergebnis einer Halbgeschwisterverpaarung und somit engste Inzucht (Inzestzucht).

Auszucht sind Zuchtmaßnahmen, die der Inzucht-Engzucht entgegenwirken bzw. den eingeengten Genpool in der Rassepopulation wieder erweitern. Züchterisches Umdenken ist dabei das Gebot der Stunde, um die Wende vom Engzucht- zum Auszuchtzeitalter erfolgreich zu bewältigen. Das heißt, Abkehr von Inzucht-Linienzucht, Championzucht und Zucht in kleinen isolierten Populationen. Grundlage bildet dazu die Anwendung populationsgenetischer Zuchtmethoden. Im Einzelnen geht es um die Einführung der Zuchtwertschätzung für bestimmte Merkmale, um krankhafte Anlagenträger aus der Zucht zu eliminieren. Weiterhin um Verpaarungen von Partnern, die mindestens vier bis fünf Generationen lang keine gemeinsamen Ahnen aufweisen.

Erweiterung der genetisch effektiven Population durch Begrenzung der Deckakte pro Rüde und Jahr in Abhängigkeit vom Inzuchtniveau der Population. Erweiterung der Sanierungszucht zwischen den Farbschlägen evtl. unter Einbeziehung von Farb- und Zeichnungsabweichungen.

Ist der Inzuchtpegel schon so hoch, dass man innerhalb der Rasse mit diesen Genauffrischungen nichts mehr erreichen kann, dann verbleibt nur noch die Einkreuzung anderer Rassen als höchste Form der Auszucht. Im Falle der Auszucht durch Einkreuzung anderer Rassen sollte man aber in keine Extreme verfallen und auch nur stammesgeschichtlich verwandte Rassen, möglichst der gleichen Rassegruppe, anpaaren.

ZUCHTBERATUNG UND ZUCHTÜBERWACHUNG

Für die Zuchtlenkung und der Überwachung setzt der DDC in eigener Zuständigkeit Zuchtwarte, Landesgruppenzuchtwarte und Körmeister ein.

Zuchtwarte

Die Landesgruppen haben ihr Gebiet in Zuchtwartbereiche eingeteilt, damit in engem Kontakt zwischen Zuchtwart und Züchtern eine gute Betreuung im Sinne der Zuchtlenkung gewährleistet wird. Nach erfolgter Anwartschaft und bestandener schriftlicher und mündlicher Prüfung werden die Zuchtwarte vom Landesgruppenzuchtwart bei den Vorständen der Landesgruppen vorgeschlagen. Neben den Beratungen und Überwachungen der Züchter obliegt dem Zuchtwart die Durchführung von Wurfbesichtigungen und Wurfabnahmen mit allen erforderlichen Dokumentationen.

Landesgruppenzuchtwart

Der Landesgruppenzuchtwart gehört dem Vorstand der Landesgruppe an und wird alle vier Jahre von der Hauptversammlung der Landesgruppe gewählt. Seine Bestätigung bedarf der Zustimmung des Hauptvorstandes. Als Vertrauensperson der Zuchtwarte seiner Landesgruppe ist er das Bindeglied zwischen Zuchtleiter, Zuchtwarten und Züchtern in allen unklaren Entscheidungen.

Der Zuchtleiter

Der Zuchtleiter gehört dem Hauptvorstand des DDC an. Ihm obliegt die Überwachung der Zucht, der Zuchtwarte, der Landesgruppenzuchtwarte und der Körmeister. Er führt das Körbuch mit den Zuchtzulassungen und Körungen, die Aufzeichnung der HD-Gutachten und das Zuchtbuch. Im Rahmen seiner Aufgabengebiete ist er weisungsberechtigt. Weitere Aufgaben sind die Führung der Zwingerkartei sowie das Verzeichnis über Titel-Anwartschaften und erreichte Titel. Ihm obliegt die Ausstellung von Ahnentafeln und die Verleihung von Zwingernamen. In seiner wichtigen clubinternen Funktion ist er noch Mitglied und zweiter Vorsitzender des Zuchtausschusses des DDC.

Kapitel 5

FORTPFLANZUNG

Die Domestikation unserer Hunde führte neben der enormen Variabilität ihres Erscheinungsbildes auch zu einigen Besonderheiten im Fortpflanzungsgeschehen bzw. dessen Ergebnissen. Dazu kurz einige Beispiele, die es zu beachten gilt:

Der monöstrische Brunstzyklus (eine Brunst pro Jahr) der Wölfin hat sich durch die Domestikation bei der Hündin auf zwei Zyklen pro Jahr erweitert.

Die durchschnittlichen Geburtsgewichte der Doggenwelpen liegen im Verhältnis zu ihrem Endgewicht wesentlich niedriger als bei mittleren und kleineren Rassen, ihre Wurfstärke hingegen um so höher. Im Durchschnitt von 296 Doggenwelpen aus 35 Würfen betrug in unserer Zucht das Geburtsgewicht 552 g (maximal 710 g) und die durchschnittliche Wurfstärke 9 Welpen (maximal 18 Welpen). Die Deutsche Dogge muss in 12 Monaten ihr Geburtsgewicht annähernd verhundertfachen (etwa 55 kg). Ganz anders liegen diese Verhältnisse schon beim Deutschen Boxer (mittelgroße Rasse), hier betrugen die durchschnittlichen Welpengeburtsgewichte 448 g und die mittlere Wurfstärke 6 Welpen. Für Zwergrassen werden hohe Welpengewichte von 130 bis 160 g angegeben *(Schleger 1986)*.

Die Wachstumsphase ist bei kleinen und mittleren Hunderassen wesentlich kürzer als bei Deutschen Doggen. Hieraus ergibt sich auch ein weiteres Verhältnis von Geschlechts- zur Zuchtreife für die Deutsche Dogge, deren Wachstum erst mit ca. 20 Monaten abgeschlossen ist.

Schließlich bleibt noch besondere Sorgfalt bei der Verpaarung dieser 60 bis 80 kg schweren Doggen, um Unfälle zu vermeiden.

In den anschließenden Unterkapiteln sollen noch einige Erläuterungen zu den anatomischen, physiologischen und psychischen Abläufen im Fortpflanzungsprozess erfolgen.

GESCHLECHTS - und ZUCHTREIFE

Die Geschlechtsreife setzt beim Rüden dann ein, wenn die Entwicklung der Geschlechtsorgane (speziell die der Hoden) so weit fortgeschritten ist, dass sie Samenzellen (Spermien) erzeugen. Bei der Hündin ist das der Zeitpunkt, wenn am Eierstock befruchtungsfähige Eizellen (Oozyten) vorhanden sind. Als äußeres Zeichen der Geschlechtsreife markiert der Rüde mit erhobenem Hinterbein durch Urinieren sein Revier. Die Hündin zeigt mit einigen Tropfen Blut aus der Scheide den Beginn der ersten Läufigkeit an, das erfolgt in der Regel zwischen dem siebten und neunten Lebensmonat. Der Rüde ist zwei bis drei Monate später geschlechtsreif, allerdings kommen bei beiden Geschlechtern auch Abweichungen von ein bis zwei Monaten vor, die als normal anzusehen sind.

Einleitend wurde schon auf die lange Wachstumsperiode der Deutschen Doggen verwiesen. Der Abschluss der gesamten körperlichen Entwicklung ist beim Rüden nicht vor Vollendung des 20. Lebensmonates und bei der Hündin nicht vor dem 18. Monat gegeben. Geschlechtsreife und Zuchtreife sind, wie bereits erwähnt, nicht identisch, dazwischen liegt im Mittel ein Zeitraum von ca. 10 Monaten. Aus diesem Grunde gestattet auch die Zuchtordnung erst im Alter von 20 bzw.

18 Monaten Zuchtverwendung. Mit Beginn der Geschlechtsreife zeigt sich auch der Geschlechtstrieb, ein Vorgang, der auf neurohormonale Grundlage in den funktionsfähigen Geschlechtsorganen ausgelöst wird. Beim Rüden führt ein durch nervliche Reize ausgelöstes Zusammenwirken der männlichen Sexualhormone zur Erektion des Penis.

Die Hündin zeigt zum Zeitpunkt der Eireife, also während der so genannten Läufigkeit, einen mehr oder weniger stark in Erscheinung tretenden Geschlechtstrieb. Er ist ebenfalls auf hormonelle Ursachen zurückzuführen und im Unterschied zum Rüden an den Geschlechtszyklus gebunden.

GESCHLECHTSZYKLUS und VERPAARUNG

Kenntnisse zu den hormonellen Prozessen, die im Organismus der geschlechtsreifen Hündin zyklisch von einer Brunst zur anderen ablaufen, sind für den Doggenhalter unerlässlich. Das trifft nicht nur für den Fall zu, wenn mit der Hündin gezüchtet werden soll, sondern auch dann, wenn keine Zuchtverwendung vorgesehen ist. Diese das physische wie psychische Verhalten der Hündin beeinflussenden körperlichen Vorgänge können im Rahmen dieses Buches nur vom Grundsatz her beschrieben werden.

Die Läufigkeit der Hündin erfolgt im sechsmonatigen Geschlechtszyklus, aber auch Zyklen von vier und neun Monaten sind bekannt und durchaus noch als normal anzusehen. Die hormonelle Steuerung des Geschlechtszyklus der Hündin verläuft im Vergleich zu anderen Säugetieren kompliziert in vier ineinander übergreifenden Phasen ab.

Die erste Phase, als Vorbrunst (Proöstrus) bezeichnet, beginnt mit dem Ausfluss von Bluttropfen aus der Scheide der Hündin. Dies ist der Anfang der Läufigkeit und geht etwa ab dem sechsten bis neunten Tag in die zweite Phase über. Diese ist die eigentliche Brunst und wird Phase der Deckbereitschaft (Östrus) genannt. Sie verläuft individuell unterschiedlich und hält etwa vier bis acht Tage an. Während dieser Zeit erfolgt am Eierstock die Ovulation, d. h. die Freisetzung der Eizellen. Zur Bestimmung des optimalen Deckzeitpunktes gibt es verschiedene Möglichkeiten. Am häufigsten wird die Zählmethode angewendet, indem die Hündin am 12. bis 13. Tag nach Einsetzen der Läufigkeitsblutung zum Decken gebracht wird. Das wäre dann der fünfte bis sechste Tag der Deckbereitschaft (Östrus). Zu diesem Zeitpunkt ist der Scheidenausfluss eher milchig gefärbt und schleimig.

Steht ein Rüde zur Verfügung, kann die Deckbereitschaft auch nach dem Duldungsverhalten der Hündin eingeschätzt werden. Der günstigste Decktag ist dann der dritte bis vierte Duldungstag. Nach meinen Erfahrungen dürfte es für eine gesunde Hündin nach dieser Verfahrensweise kaum Konzeptionsprobleme geben. Dazu gibt es auch eine entsprechende wissenschaftliche Begründung, die sich auf die Lebensfähigkeit der Geschlechtszellen im Genitaltrakt der Hündin stützt *(Schwarz 1999)*.

Die Eizellen erfordern nach der Ovulation noch 48 bis 72 Stunden zur Reifung, gelangen danach in den Eileiter, wo sie nochmals zwei bis drei Tage lebensfähig bleiben. Spermien des Rüden benötigen ca. 24 Stunden im Genitaltrakt der Hündin, um befruchtungsfähig zu sein und sind danach sieben Tage lebensfähig.

Allerdings sind mitunter die Übergänge vom Proöstrus zum Östrus so fließend, dass sie sich durch alleinige Beobachtung der Fortpflanzungsorgane und dem Verhalten der Hündin nur schwer abgrenzen lassen. Wer ganz sicher gehen will, dem steht der tierärztlich durchzuführende Hormontest zur Verfügung. In einer Blutprobe wird die Progesteronkonzentration semiquantitativ bestimmt, sie ermöglicht eine relativ genaue Aussage zum Zeitpunkt des Eisprunges (Ovulation).

Den weiteren Verlauf im Falle der Konzeption werden wir im nächsten Unterkapitel - Trächtigkeit und Geburt - besprechen. An dieser Stelle geht es vorerst um den weiteren Zyklusverlauf unserer Hündin. Es beginnt die Zeit der Nachbrunst (Metöstrus), die etwa 130 Tage, unabhängig ob trächtig oder nicht trächtig, belegt oder nicht belegt, über die Zeit der Läufigkeit hinaus reicht. Sie wird durch die Hormonsekretion der Eierstöcke hervorgerufen, die bei der nicht trächtigen Hündin eine Scheinträchtigkeit auslöst. Diese Scheinträchtigkeit verläuft bei jeder Hündin zeitlich analog der Trächtigkeit, ca. 70 Tage nach dem Konzeptionsoptimum und ist, so lange sie sich in Maßen hält, absolut normal.

Bei verstärkter Ausprägung sollte man keinesfalls sofort mit »Gegenhormonen« eingreifen, da diese meist den künftigen Zyklusverlauf u. a. beeinflussen. Wir hatten bei diesbezüglich veranlagten Hündinnen immer Erfolg, wenn bereits bei der sich angezeigten Läufigkeit die Futtermenge reduziert und die tägliche Bewegung verdoppelt wurde.

Die eigentliche geschlechtliche Ruhephase (Anöstrus) der trächtigen und nicht trächtigen Hündin beginnt unter normalem Ablauf vorangegangener Zyklusphasen erst um den 130. bis 150. Tag nach Beginn der Hitze.

Aufbauend auf den oben genannten sexualphysiologischen Vorgängen während der Läufigkeit der Hündin soll davon ausgegangen werden, dass eine paarungsbereite Hündin mit einem ebenfalls sexualbereiten Rüden zur Verpaarung kommt. Dennoch spielen beim Deckakt Deutscher Doggen noch einige Besonderheiten mit, die es zu beachten gilt, wenn die Verpaarung stattfinden und erfolgreich verlaufen soll. Das bezieht sich vorrangig auf Körpergröße und Gewicht der Tiere sowie ganz speziell auf das sensible Wesen besonders der Hündinnen. Wenn wir die freie Verpaarung anstreben, dann ist das nicht im Sinne der Verhaltensforschung zu verstehen, sondern als Ablehnung jeglicher Zwangsmaßnahmen, wie sie hin und wieder als Tatbestand für krasse Tierquälerei bekannt werden. Ruhiger und besonnener Umgang mit den Paarungspartnern von Seiten des Hündinnen- und des Rüdenbesitzers ist eine wichtige Voraussetzung für das Zustandekommen des Deckaktes.

Den Paarungspartnern muss ausgiebig Gelegenheit gegeben werden, sich durch eine Abtrennung - Zwischengitter oder Gartenzaun - kennen zu lernen. Das erfolgt anfangs angeleint, dann so bald wie möglich frei. Entsteht der Eindruck, dass beiderseits Paarungsbereitschaft vorhanden ist, lässt man die Tiere in ein umzäuntes Gelände, bewahrt Ruhe und ist jederzeit bereit, erforderliche Hilfestellung zu gewähren. Hilfestellungen können bei so großen Tieren immer erforderlich werden, sie haben nichts mit »Zwangspaarungen« gemein.

Nach Kontaktaufnahme des Rüden mit der paarungsbereiten Hündin und einem kurzen Vorspiel steigt der Rüde auf und führt unter aktiver Umklammerung Such- und Friktionsbewegungen aus, dabei findet eine teilweise Erektion des Penis statt. Dann folgen die Einführung und weitere Friktionsbewegungen. Die Erektion ist in dieser Phase noch nicht vollständig, das Einführen wird auf Grund der durch den Penisknochen vorhandenen Festigkeit des Gliedes möglich. Die volle Erektion erfolgt erst durch Friktionen in der Scheide mit vollständiger Anschwellung des Bulbus glandis (Eichelknollen). In der Regel steigt der Rüde dann mit dem Vorderkörper seitwärts von der Hündin ab und dreht sich 180° um den in der Scheide verankerten Penis. Bei diesem Abstieg und der anschließenden Drehung in entgegengesetzter Richtung kann Hilfestellung und Beruhigung mitunter angebracht sein. Das so genannte Hängen oder Verknoten erfolgt durch Anschwellen des Bulbus glandis und dessen Umkrampfung durch die Scheidenmuskulatur. Es erstreckt sich über fünf bis 30 Minuten, kann aber auch länger anhalten.

Im Ejakulationsverlauf können drei Phasen unterschieden werden. Anfangs, während der Such- und Friktionsbewegungen wird wässriges Vorsekret abgesetzt. Unmittelbar vor dem Verknoten setzt die erste Hauptphase der Ejakulation mit spermienreichem Ejakulat ein.

Mit Beginn des Hängens erfolgt der zweite Teil der Hauptphase mit weniger Spermien. Im weiteren Verlauf kommt es zur Sekretion aus der Prostata, wodurch das Sperma kontinuierlich in den Uterus gespült wird. Nachdem die Erektion abklingt, trennen sich Rüde und Hündin. Die Zeitdauer des Hängens hat keinen Einfluss auf das Befruchtungsergebnis. Befruchtungsmöglichkeit besteht auch, wenn es bei Einführung des Penis in die Scheide nicht zum Hängen kommt (siehe Beginn 1. Hauptphase der Ejakulation). Nach dem Deckakt ist für die Hündin eine Ruhezeit zu empfehlen.

Kontaktaufnahme des Rüden mit der Hündin (Zuchtstätte v. Sonnenschein). Foto: G. Tempel.

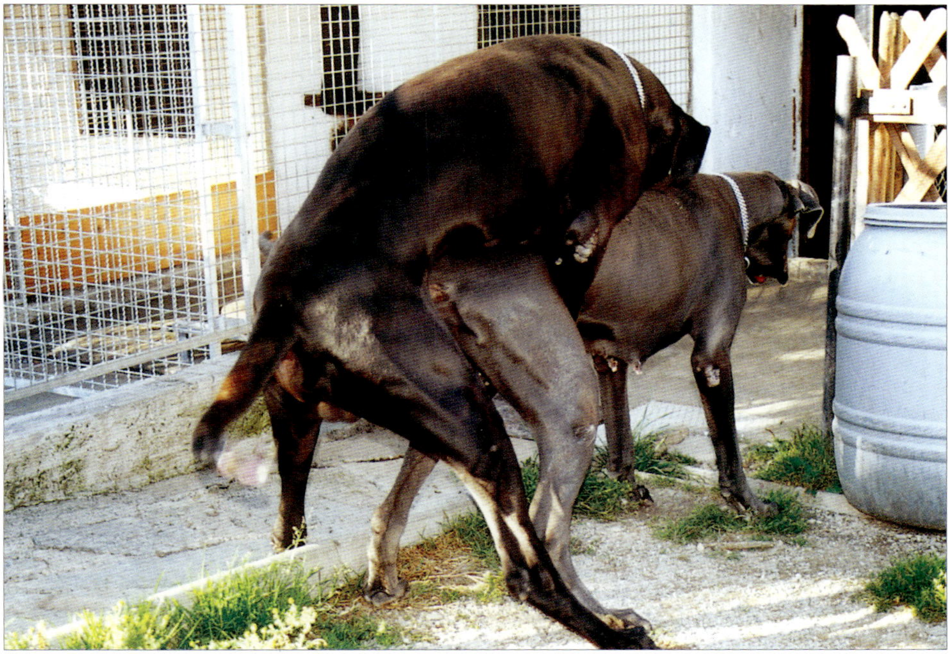

Einführungs- u. Friktionsbewegungen des Rüden. Foto: I. Krautwurst.

Hängen der Paarungspartner. Foto: I. Krautwurst.

TRÄCHTIGKEIT und GEBURT

Mit der Verschmelzung befruchtungsfähiger männlicher und weiblicher Keimzellen im Eileiter ist die befruchtete Eizelle (Zygote) entstanden. Das ist der Startschuss für die Embryonalentwicklung. Dieser Prozess wird von einer pausenlosen Zellteilung bis zum Abschluss der Entwicklung beherrscht. Die befruchteten Eizellen gelangen erst um den zehnten Tag nach der Ovulation vom Eileiter in die Gebärmutter. Bis zu dieser Zeit hat bereits eine zwanzig- bis dreißigfache Zellteilung stattgefunden. Es ist aus der Zygote das Stadium der Marula (Maulbeere) entstanden, ohne dass das Ganze an Masse zugenommen hat. In der Gebärmutter entwickelt sich aus der Marula die so genannte Blastula, diese nistet sich dann in der Gebärmutterschleimhaut ein. Es kommt zur Differenzierung der Keimblätter und somit beginnt das eigentliche Stadium der Trächtigkeit, das ist etwa der 20. Tag nach der Befruchtung. Die Blastula hat nun direkten Anschluss an den mütterlichen Kreislauf. Um den 30. Trächtigkeitstag ist die Bildung der Plazenta (Mutterkuchen) abgeschlossen.

Es erfolgt nun die Entwicklung der Embryonen mit großer Intensität, was auch bei der Ernährung der Mutterhündin ab der fünften Trächtigkeitswoche beachtet werden muss. In der vorangegangenen Frühphase der Trächtigkeit sollte die Ernährung ohne Erhöhung der Energie hochwertig in der Zusammensetzung sein, besonders hinsichtlich Eiweiß, Vitamin- und Mineralstoffbedarf. Des Weiteren führt ein uneingeschränktes Ausmaß an körperlicher Aktivität bis zum Ende der vierten Trächtigkeitswoche zur Gesunderhaltung und Kreislaufstabilisierung der Doggenhündin.

Die ab der fünften Trächtigkeitswoche einsetzende verstärkte Wachstumsintensität der Föten im Mutterleib ist verbunden mit eigenen körperlichen Veränderungen der Hündin wie Fetteinlagerung und Ausreifung des Gesäuges. Die körperlichen Leistungen erfordern in steigendem Maße eine Erhöhung der Energiezufuhr, die weit über dem normalen Erhaltungsbedarf liegt und nur durch Erhöhung der Energiedichte in der Ration abgesichert werden kann (Näheres siehe »1 x 1 der Hundeernährung« Dr. Krautwurst, Kynos Verlag 2000). Äußerliche Anzeichen der Trächtigkeit sind meist erst um die vierte bis fünfte Trächtigkeitswoche in Form oben genannter körperlicher Veränderungen der Hündin wahrzunehmen. Als sichere Trächtigkeitsdiagnostik kann ab dem 30. Trächtigkeitstag die Ultraschalluntersuchung angesehen werden. Mit fortschreitender Trächtigkeit nimmt der Leibesumfang zu und das Ruhebedürfnis steigt. Auch in dieser Zeit muss die Hündin täglich angemessene Bewegung erhalten, damit der Kreislauf stabil bleibt. Unsere Hündinnen laufen in der Regel noch bis unmittelbar vor dem Wurftag täglich ca. zwei Kilometer auf Feld- und Waldwegen.

Ein bis zwei Wochen vor dem Werfen schwillt die Scheide immer mehr an, die Zitzen vergrößern sich, später kann grau-weißer Schleim abgesondert werden. Die Hündin nähert sich dem Wurftermin. Zu dieser Zeit ist es günstig, wenn sie schon an die vorgesehene Wurfstätte gewöhnt ist. Diesbezüglich hat sich ein gesonderter Wurfraum als sehr positiv erwiesen. Dieser Raum muss gut lüftbar sein und neben einer speziellen Wurfkiste noch genügend Platz zur Aufstellung einer Liege bieten, von welcher aus eine Person ständig den Geburtsverlauf überwachen kann. In ihrer Wurfkiste muss sich die Hündin vollständig ausstrecken können und genügend Platz für die trinkenden Welpen vorhanden sein. Für die Deutsche Dogge empfehlen wir folgende Ausmaße: *Länge 150 cm x Breite 150 cm x Höhe 40 cm.*

Es erweist sich als vorteilhaft, wenn eine Seite der Wurfkiste abnehmbar gestaltet wird, um besser Geburtshilfe leisten zu können. Als Einlagen eignen sich alle unbedingt sauberen Materialien, die waschbar oder wegwerfbar sind.

Züchter mit hochträchtiger Hündin.

Foto: I. Krautwurst.

GEBURT

Die geburtsmechanischen und anatomischen Voraussetzungen für einen normalen Geburtsablauf sind im Allgemeinen für die Deutsche Dogge verhältnismäßig günstig. Dies ergibt sich aus den Proportionen zwischen Mutter und Frucht im Unterschied zu Rassen mit kleinem Körperbau und großen Früchten, oder solchen, die durch die Züchtung extreme anatomische Disproportionen aufweisen.

Als Anzeichen der bevorstehenden Geburt wird auf Veränderungen der Körpertemperatur verwiesen. Sie soll achtzehn bis vierundzwanzig Stunden vor der Geburt ihren niedrigsten Wert von 37°C und noch darunter erreichen. Mit Einsetzen der Eröffnungswehen soll sie allmählich wieder ansteigen und mit der Geburt des ersten oder zweiten Welpen wieder ihren ursprünglichen Wert annehmen. Dieser Temperaturabfall ist bei verschiedenen Geburtsstörungen entweder gar nicht oder nur undeutlich ausgeprägt. So wird es in vielen Fachbüchern beschrieben, eigene Erfahrungen zeigen, dass der Temperaturabfall nicht exakt nach Stunden vor der Geburt abläuft, bei verschiedenen Geburten recht unterschiedlich ist oder auch gar nicht auftritt und die Welpen trotzdem gesund geboren werden.

Wird die mittlere Tragezeit von 63 Tagen überschritten, muss das Verhalten der Hündin besonders stark unter Kontrolle gehalten werden. Treten Veränderungen im Allgemeinbefinden der Hündin auf, die nicht mit Anzeichen bevorstehender Geburt in Zusammenhang gebracht werden können, empfiehlt es sich, sofort den Tierarzt zu benachrichtigen.

Zu den äußeren Anzeichen der bevorstehenden Geburt gehören das Einschießen der Milch ins Gesäuge, Auflockerung und Anschwellen der äußeren Geschlechtsorgane, Einfallen der Flanken und Veränderung des Verhaltens der Hündin. Die plötzliche Futterverweigerung ist ein ziemlich genaues Anzeichen, dass die Geburt in den nächsten 12 Stunden beginnt.

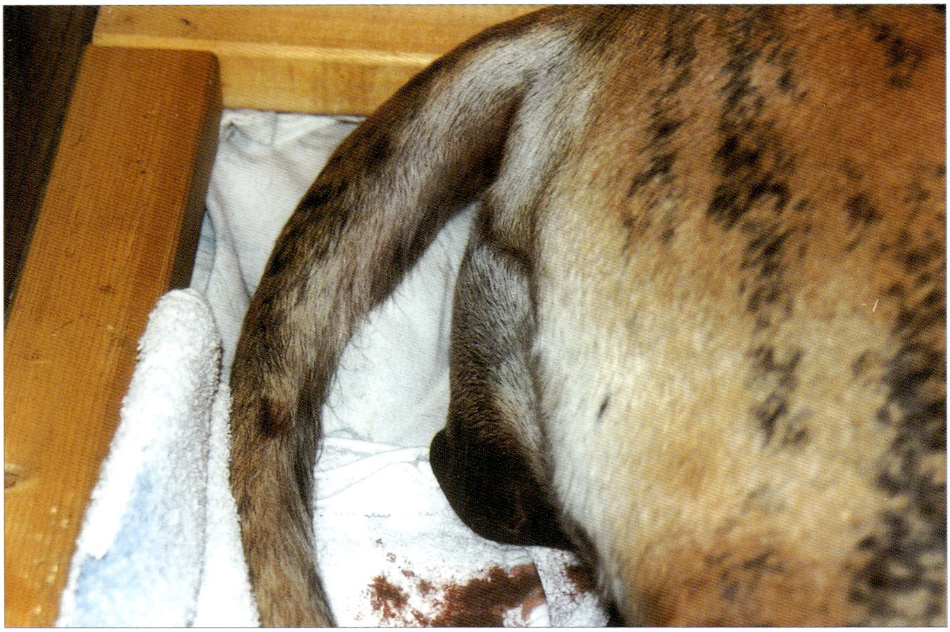

Presswehen - der Welpe befindet sich bereits in der Scheide. Foto: M. Rawert.

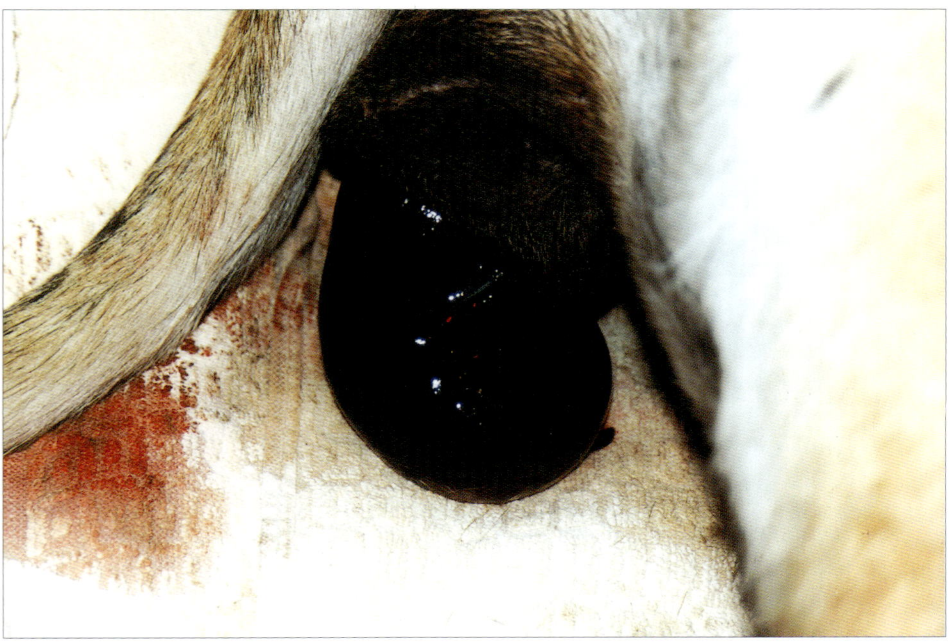

Herauspressen des Welpen in zweiter Fruchthülle - dem Amnion. Foto: M. Rawert.

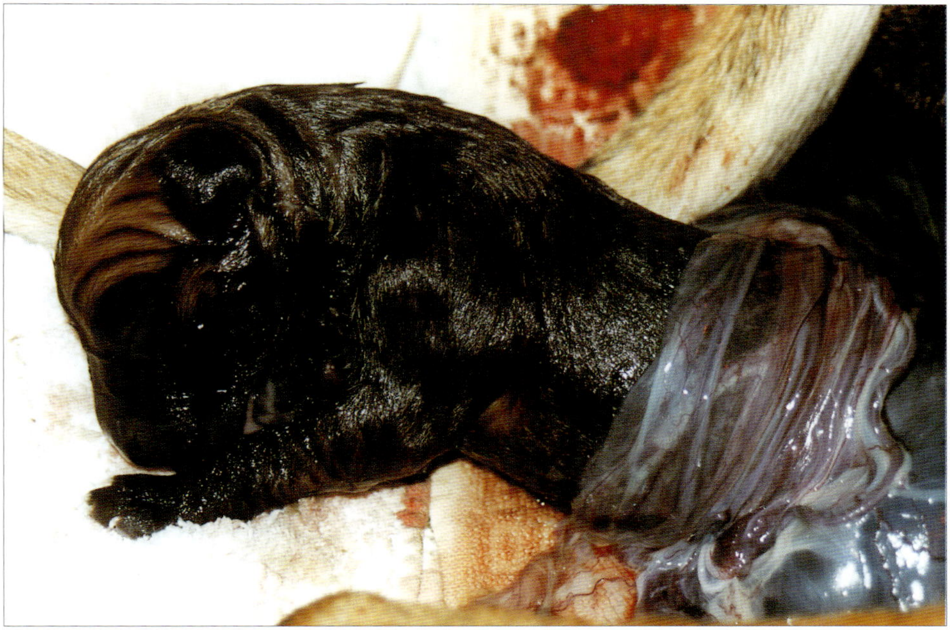

Der Welpe ist aus der Scheide gepresst. Foto: M. Rawert.

Diese Anzeichen können auch schon der Beginn der Eröffnungswehen sein. Sie haben das Ziel, den Gebärmutterhals zu weiten und zu dehnen, um den ungehinderten Durchtritt der Früchte in die Scheide zu ermöglichen. Diese erste Geburtsphase kann bis zu acht Stunden und länger dauern.

Die zweite Phase, die Austreibungsphase, wird mit Eintritt der ersten Frucht in die Scheide eingeleitet. Sie ist charakterisiert durch das Auftreten regelmäßiger Presswehen, mit denen der Welpe durch den Geburtsweg nach außen gepresst wird. In der Schamspalte wird als Erstes die Fruchtblase sichtbar. Sie ist die äußere Umhüllung der Frucht. Während der Geburt bewirkt sie Dehnung und Weitung des Geburtsweges.

Kurz vor Austritt des Welpen aus der Schamspalte, oder bereits schon, wenn sich der Welpe in der Scheide befindet, kommt es zum Blasensprung. Das austretende Fruchtwasser macht den Geburtskanal schlüpfrig und erleichtert das Herausgleiten des Welpen, der noch von einer zweiten Fruchthülle, dem Amnion, umschlossen ist. Durch die Nabelschnur ist er mit der grünlich gefärbten Nachgeburt, dem Mutterkuchen, verbunden. Mitunter werden die Nachgeburten mehrerer Früchte hinter einer Frucht ausgestoßen. Die meisten Hündinnen fressen sie, einem Instinkt folgend, sofort auf. Dies dient der Sauberhaltung des Lagers und schadet der Hündin nicht.

Die Austreibung des ersten Welpen benötigt im Allgemeinen etwas mehr Zeit und kann bis zu mehreren Stunden dauern. Hat sich jedoch nach drei Stunden noch nichts getan, muss mit Geburtskomplikationen gerechnet und tierärztliche Hilfe in Anspruch genommen werden. Der zeitliche Abstand zwischen den Geburten soll zwei Stunden nicht überschreiten, jedoch kommen bei größeren Würfen auch längere Abstände als normal in Betracht, da die Hündin sich eine Erholungsphase einräumt.

Die Hündin befreit die Welpen meist selbst aus der Hülle und nabelt sie auch ab. Dadurch wird die mütterliche Blutversorgung unterbrochen und es setzt reflektorisch die Atmung ein. Befreit die Hündin den Welpen nicht aus der Hülle, muss der Geburtsüberwacher dies durchführen, da sonst der Welpe mit dem ersten Atemzug Fruchtwasser in die Lunge bekommt. Die Nabelschnur wird anderthalb Zentimeter unter dem Austritt aus der Bauchdecke entfernt. Alle Hilfeleistungen haben unter absolut hygienischen Voraussetzungen zu erfolgen.

Die Welpen passen sich durch entsprechende Lage dem Geburtsweg an. Das Verhältnis von Vorderendlagen zu Hinterendlagen beträgt nahezu 1:1, unerwünschte Querlagen sollen sich auf 2 bis 3 % belaufen.

Die Körpertemperatur der Hündin steigt nach der Geburt leicht an und kann bis zum dritten Tag im Bereich maximal 39,5°C liegen. Bei höheren Temperaturwerten ist sofort tierärztliche Hilfe in Anspruch zu nehmen. Auch das Gesäuge sollte am Tag mehrmals kontrolliert werden, um einen Milchstau, eine Gesäugeentzündung (Mastitis) oder auch zu geringe Milchproduktion rechtzeitig feststellen zu können.

Die Nachgeburtsaussonderungen, die so genannten Lochien, haben in den ersten fünf Tagen nach der Geburt ein wässrig rötliches Aussehen. Sie gehen dann zur rotbraunen Färbung über und sollten um den achtundzwanzigsten Tag nach der Geburt abgeschlossen sein.

Geschafft! Der komplette Wurf. Foto: M. Rawert.

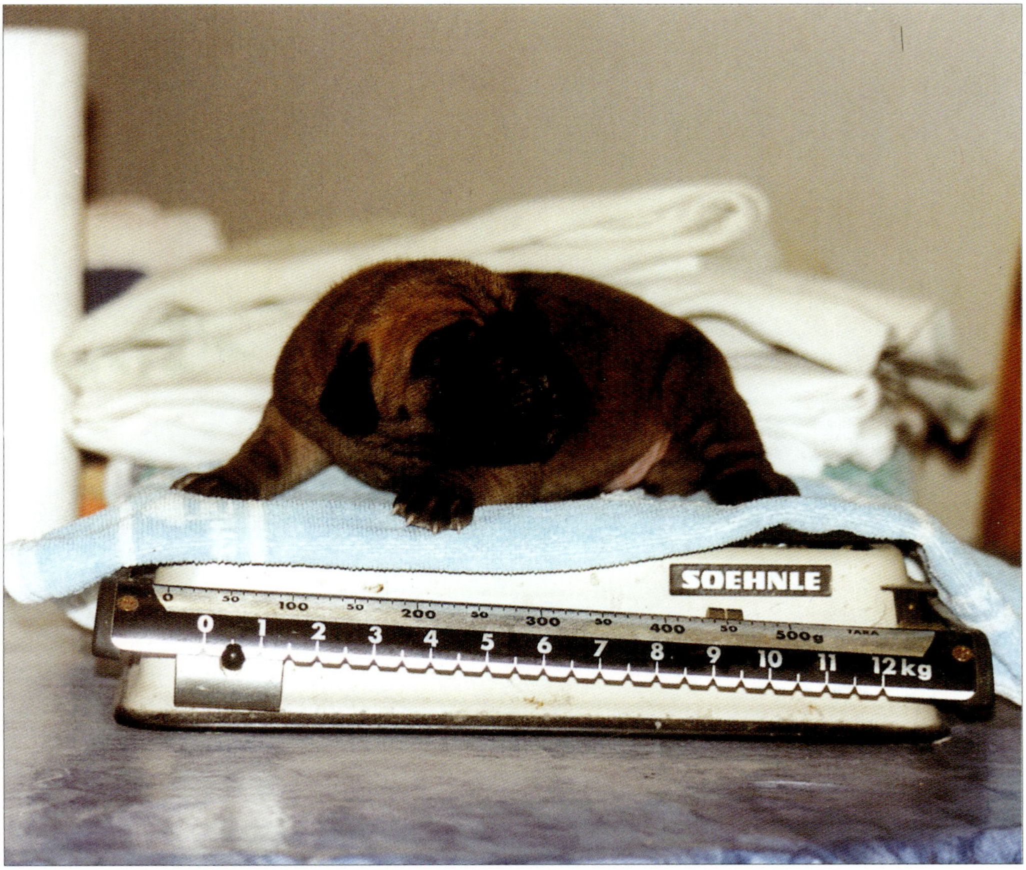

Ermittlung des Geburtsgewichtes. Foto: M. Rawert.

Kapitel 6

AUFZUCHT DER WELPEN UND JUNGHUNDE

Soll die Aufzucht einer Deutschen Dogge erfolgreich verlaufen, dann sind einige Besonderheiten zu beachten, die bei anderen Rassen nicht in gleichem Maße im Vordergrund stehen. Doggenwelpen weisen im Verhältnis zu ihrer Endgröße ein sehr niedriges Geburtsgewicht auf. Die mit 500 bis 600 Gramm geborenen Welpen müssen im ersten Lebensjahr dieses Gewicht annähernd verhundertfachen. Vom dritten bis sechsten Lebensmonat wachsen sie deutlich stärker als Junghunde kleinerer und mittlerer Rassen. Im Zusammenhang mit der Selektion bzw. Zucht auf Großwüchsigkeit kommt es bei der Deutschen Dogge zu einer verlängerten Intensivwachstumsphase, die erst um den 10. Lebensmonat abgeschlossen ist. Kleinere und mittlere Rassen schließen ihr Größenwachstum im Wesentlichen bereits unmittelbar nach dem ersten Lebensjahr ab. Doggen wachsen bis zu einem Alter von 22 Monaten. Erst zu diesem Zeitpunkt schließen sich die Wachstumsfugen (Epiphysenfugen).

Die Knochen sind beim Welpen in einem weichen Gewebetyp angelegt, der aus Kollagen besteht und nur eine geringe Festigkeit besitzt. Erst nach und nach wandelt der wachsende Organismus das Bindegewebsgerüst zu tragfähigen Knochen um. Dieser biologische Prozess der Mineralisierung zieht sich bis zum Ende der Wachstumsperiode hin und erfordert neben besonderer Nährstoff- und Mineralstoffzufuhr auch eine auf das Wachstum abgestimmte Bewegung, um Skelettdeformationen zu vermeiden. Gleiches gilt auch für das proportionale Wachstum anderer Organe wie Herz und Kreislauf, Atmungsorgane, Fortpflanzungsorgane sowie Haut und Fell.

Unter Doggenzüchtern wird diesbezüglich des Öfteren noch mit falschen Vorstellungen argumentiert und nach dem Motto »Viel hilft Viel« die junge Dogge buchstäblich kaputt gefüttert oder die noch nicht mineralisierten Knochen durch übertriebene Bewegungsanforderungen deformiert.

Zu beachten bleibt schließlich die Erkenntnis, dass Riesenrassen einen zur Körpermasse relativ kleineren Verdauungstrakt als kleinere Rassen besitzen, was besonders bei Doggenwelpen eine Verteilung der Tagesration auf mehrere kleinere Portionen erfordert. Der verhältnismäßig kleine Verdauungstrakt so wie die Dehnungsfähigkeit des Magens können schon im Welpenalter bei der Deutschen Dogge durch unsachgemäße Fütterungstechnik (zu wenig Fütterungsfrequenzen) zu Magenerweiterung und späteren Disposition zur Magenblähung mit anschließender Drehung beitragen.

WELPENAUFZUCHT

Unter Beachtung einleitend genannter Besonderheiten bei der Aufzucht Deutscher Doggen sollte man bereits schon während des Werfens alle Vorteile für den Welpen nutzen. Die von der Mutterhündin zu dieser Zeit abgesonderte »Vormilch«, das so genannte Kolostrum, hat einen sehr hohen Nährstoffgehalt und Immunglobuline zum Schutz der Welpen gegen Infektionskrankheiten.

Nährstoffe und Immunglobuline der Kolostralmilch sind nicht lange beständig, d. h. sie gehen in ihrer Konzentration schon nach Stunden zurück, so dass die Muttermilch nach zwei bis maximal drei Tagen ihre normale Nährstoffkonzentration annimmt. Deshalb müssen die Welpen sofort nach dem Trockenlecken durch die Mutterhündin an das Gesäuge angelegt werden, um das Kolostrum in seiner höchsten Immun- und Nährstoffkonzentration zu nutzen. Außerdem besitzt die Kolostralmilch abführende Wirkung zur Lösung des ersten Welpenkotes, der als Darmpech (Mekonium) bezeichnet wird. Schließlich wird der Welpe mit sehr geringen Energiereserven geboren und ist auch deshalb auf den hohen Nährstoff- bzw. Energiegehalt der Kolostralmilch angewiesen.

Saugende Welpen unmittelbar nach der Geburt. Foto: I. Krautwurst.

Im Zusammenhang mit dem zu dieser Zeit noch nicht voll ablaufenden Energiestoffwechsel sind auch die Mechanismen der Temperaturregelung noch in Entwicklung. Das ist auch die Ursache für das u. U. auftretende so genannte »Welpenzittern«. Für den Züchter steht damit die Erfüllung eines weiteren Erfordernisses, und zwar die Regulierung der Umgebungstemperatur. Nach eigenen Erfahrungen sollte die Temperatur im Wurfraum zu dieser Zeit um die 20°C betragen. Unterkühlung führt zur Schwächung der Welpen, zu hohe Temperaturen belasten die Mutterhündin. In der richtig temperierten Wurfkiste liegen die Welpen dicht aneinander (nicht übereinander).

In den ersten drei Wochen werden die Nahrungsanforderungen der Welpen im Normalfall völlig durch die Muttermilch erfüllt. Man sollte davon ausgehen, dass erst Ende der dritten Lebenswoche die Salzsäurebildung der Magenzellen beginnt und der Verdauungstrakt des Welpen bis zu diesem Zeitpunkt nur auf die Verwertung der Nährstoffe aus der Muttermilch eingestellt ist. Daraus resultiert die Erkenntnis, mit der Beifütterung frühestens zu dieser Zeit zu beginnen. Voraussetzung ist allerdings eine ausreichende Milchergiebigkeit der Mutterhündin. Diese ist zwar genetisch bestimmt, aber auch wesentlich von der Ernährung abhängig. In der Zeit der Spitzenlaktation bildet die Hündin täglich vier Prozent und mehr ihres eigenen Körpergewichtes an Milch, das sind mit 60 kg Körpergewicht ca. 2,5 kg Milch. Bezogen auf den Energiebedarf des Erhaltungsstoffwechsels der Mutterhündin steigt dieser in Abhängigkeit von der Wurfgröße auf das drei- bis vierfache an. Das erfordert Futterrationen mit sehr hoher Energiedichte, die mit Fertigfuttertrockennahrung kaum abgesichert werden kann. Es sei denn, es werden mengenmäßig unzumutbare Rationen angeboten oder es handelt sich um geringeren Energiebedarf in Folge kleinerer Würfe.

Für Würfe mit sechs bis acht Welpen benötigt die Doggenhündin in der Spitzenlaktation täglich ca. 50 Mega Joule (MJ) an verdaulicher Energie. Qualitätstrockenfutter enthält maximal 18 bis 20 MJ/kg, das entspricht einer Tagesfuttermenge von 2,5 kg. Zusätzlich 80 % Quellwasser beträgt die Tagesration dann vier bis fünf Kilogramm. Diese Mengen dürften, falls sie überhaupt aufgenommen werden, wohl kaum ohne gesundheitliche Schäden für die Hündin möglich sein. Rationen mit weniger Volumen, höherer Energiedichte und auch einer ausgeglichenen Protein-Energie-Relation erhalten wir mit selbst zusammengestellter Fleisch-Beiflocken-Nahrung nach den Tabellen in »1 x 1 der Hundeernährung« KYNOS VERLAG 2000.

Bis zum Beginn der Zufütterung der Welpen um die dritte Lebenswoche muss schon ca. 10 Tage nach der Geburt die erste *Wurmkur* gegen Spul- und Hakenwürmer erfolgt sein. Dieser frühe Zeitpunkt ist in Kenntnis des Lebenszyklus der Schmarotzer äußerst wichtig. Mit der Muttermilch gelangen auch weiterhin Spulwurmlarven in die Welpen, deshalb sind nach Angaben des zur Erstimmunisierung verwendeten Präparates in richtigen Abständen weitere Wurmkuren durchzuführen.

Etwa um den 12. bis 15. Lebenstag der Welpen wird es erforderlich mit einer Nagelschere die spitzen *Krallen der Welpen zu kürzen,* um ein Wundwerden des Gesäuges der Mutterhündin zu verhindern. Die sonst entstehenden Entzündungen an der Milchleiste sind die Folge des so genannten Milchtrittes, bei dem der Welpe die Vordergliedmaßen gegen das Gesäuge stemmt und dabei die Hündin unwillkürlich kratzt.

Eine sehr wichtige Aufgabe, die der Züchter während der Aufzucht seiner Welpen zu erfüllen hat, ist die Prägung des Sozialverhaltens, um die Sozialisierung im Rudelverband Hund - Mensch rechtzeitig anzubahnen. Ohne die in der Literatur hinreichend aufzufindenden Entwicklungsphasen: Vegetative-, Übergangs-, Prägungs- und Sozialisierungsphase, die sich an dem jeweiligen Entwicklungsstand der Hirnfunktion des Welpen orientieren, abwerten zu wollen, muss ich eindeutig zum Ausdruck bringen, dass derartige Schemata von uns niemals berücksichtigt wurden. Um Kontaktfreudigkeit, Selbstbewusstsein und Umweltsicherheit des Doggenwelpen Schritt für Schritt zu festigen, sollte man so zeitig wie möglich mit der Prägung beginnen. Es erweist sich als positiv, die Welpen mehrfach täglich aus der Wurfkiste zu nehmen, behutsam zu streicheln und auch den Angehörigen und Freunden vorsichtig in die Hand zu geben.

Solche Möglichkeiten der Kontaktaufnahme sollte man ständig weiter ausbauen und während der gesamten Aufzucht fortsetzen. Dabei kann man außer den Familienangehörigen auch Kindern oder Freunden möglichst oft Gelegenheit zum Spielen mit den Welpen gestatten.

Ständiger Kontakt mit Menschen schon in den ersten Lebenstagen.

Foto: I. Krautwurst.

Bis zur sechsten Woche nach der Geburt reift (nach *Kolb 1986*) das Nervensystem des Hundes aus. Die Zahl der Verbindungsbahnen zwischen den Nervenzellen erhöht sich. Dadurch vergrößert sich die Reaktionsfähigkeit und Leistungsfähigkeit bei der Speicherung von Informationen. Es ist erstaunlich, wie selbstverständlich die Welpen in diesem Alter Geräusche, auch solche im Straßenverkehr, hinnehmen. Wird diese Prägungsphase ungenutzt gelassen und z. B. der Junghund erst im Alter von vier bis sechs Monaten den gleichen Belastungen ausgesetzt, so benimmt er sich meist schreckhaft und ängstlich, und es bedarf großer Mühe und Geduld, derartige Doggen noch umweltsicher zu machen. Als sehr günstig hat sich auch erwiesen, dass die Welpen bereits im Alter von fünf bis sechs Wochen systematisch an das Mitfahren im Auto gewöhnt werden.

Intensives Spielen fördert Kontakt und Prägung.

Foto: I. Krautwurst.

Zur Unterbringung und Haltung der Doggenwelpen bzw. des Wurfes sollte der Züchter im Idealfall drei ineinander übergehende Abteilungen zur Verfügung haben: Wurfraum mit Wurfkiste, einen angrenzenden überdachten und leicht zu reinigenden Vorzwinger und einen möglichst großen Auslauf, auch Erlebniszwinger genannt, der Naturboden und wetterfestes heizbares Welpenhaus enthalten muss. Ungefähr ab der dritten Woche wollen die Welpen, ihrem Instinkt entsprechend, das Lager verlassen, um ihre Notdurft zu verrichten. Das Sauberhalten des Lagers, das die Mutterhündin mit Beginn der Zufütterung nicht mehr fortsetzt, wird von den Welpen bald selbst wahrgenommen. Wurde ein Stirnbrett der Wurfkiste abnehmbar gestaltet, können die Kleinen ungehindert ihre weitere Umgebung in dem Vorzwinger erkunden, die Nahrung dort aufnehmen und sich auch hier an das Lösen von Kot und Harn gewöhnen.

Erste Rangeleien im Wurflager. Foto: M. Völzer.

Ende der vierten Lebenswoche werden unsere Welpen in den großen Auslaufgarten umgesetzt. Hier können sie sich, ihrem Entwicklungsstand entsprechend, austollen und die Natur in vollem Umfang genießen. Eine Aufzucht von Doggenwürfen in der Wohnung ist nicht nur äußerst unhygienisch, sondern auch in vieler Hinsicht für diese großen Tiere entwicklungshemmend.

Wir hatten die Beschreibung der Welpenernährung zum Zeitpunkt der Zufütterung beendet und dabei festgehalten, dass diese in der dritten bis vierten Lebenswoche, in Abhängigkeit von der Milchergiebigkeit der Hündin und der Wurfstärke, beginnt. Nun geht es darum, mit dem Beifutter eine möglichst optimale Nahrung anzubieten. Damit ist gemeint, die Welpennahrung muss schmackhaft, hochverdaulich, sehr gut verträglich und in der Nährstoffzusammensetzung ausgewogen sein.

Zu Beginn wäre das Optimum dann erreicht, wenn das Beifutter in seiner Nährstoffzusammensetzung der Muttermilch entspricht. Die meisten unter Züchterkreisen in Umlauf befindlichen »Aufzuchtrezepturen«, bestehend aus einer Vielzahl von Einzelfuttermitteln, deren ursprünglicher Hintergrund wohl nur vermenschlichte Ansichten sind, lassen sich kaum ausbilanzieren. Sie führen in der Regel zu übergewichtigen Welpen und dadurch geradlinig zu Skelettanomalien.

Mit der Auswahl einer der oben angeführten Kriterien entsprechenden Vollnahrung werden mit Sicherheit bessere Ergebnisse erreicht. Es ist auch durchaus sinnvoll, bei der Umstellung von flüs-

Spielen und »Kämpfen« im Erlebnisgarten ist für die Aufzucht unerlässlich.
Fotos: M. Völzer.

Welpenspiel im Garten. Foto oben: M. Völzer - Foto unten: I. Kurth.

Prägung im Erlebnisgarten. Foto: I. Krautwurst.

siger auf feste Nahrung industriell gefertigten Welpenbrei einzusetzen. Dieser enthält außer der erforderlichen Nährstoffbilanz einen gewissen Anteil an Rohfaser, der die Umstellung der Darmflora auf feste Nahrung begünstigt.

Gute Aufzuchtergebnisse erreichten wir mit selbst zusammengestellten Rationen aus Rind, Geflügel, Pansen, Futterflocken und Vitamin-Mineralstoffzusätzen. Probleme entstanden nach Abgabe der Welpen dann, wenn die neuen Besitzer nicht die erforderlichen Fleischbezugsquellen hatten und ihnen auch die Erfahrung fehlt, das Ernährungsregime mit fortschreitendem Wachstum richtig aufzubauen. Nach diesen Erfahrungen empfehlen wir eine hochwertige Aufzuchttrockennahrung mit ca. 36 % verdaulichem Rohprotein und 14 % Rohfett. Zu warnen ist vor Überdosierungen sowie vor Nährstoff- und Mineralstoffzusätzen, diese würden zu Nährstoffinbilanzen, Übergewicht und zu Skelettdeformationen führen.

Die gesamte Futteraufnahme teilt man je nach der Entwicklung anfangs auf fünf, später auf vier Mahlzeiten gleichmäßig über den Tagesverlauf auf. Mit weiterem Heranwachsen der Welpen,

Welpen an der Futterbank.

Foto: I. Kurth.

ca. um die siebte bis achte Lebenswoche, kann auf dreimalige Fütterung in gleicher Verteilung reduziert werden. Diese Verringerung der Futterfrequenzen muss im Zusammenhang mit der jeweilig noch vorhandenen Milchergibigkeit der Mutterhündin stehen. Die Entwöhnung der Welpen sollte um die sechste Woche, Schritt für Schritt, erfolgen. So genannte schmerzhafte Komplikationen für die Mutterhündin werden bei sachgemäßem Vorgehen während des Absetzens nicht auftreten.

Mutterhündin mit Wurf (Blauzucht), Zuchtstätte »vom Sonnenschein«.
Züchter: G. Tempel, Foto: G. Tempel.

Geborgenheit!
Zuchtstätte »Harlekin«.

Foto: Fuchs.

Kontrollkriterien einer optimalen Entwicklung sind ständige Beobachtungen der Vitalität der Welpen, die Beschaffenheit ihres Kotes, der weder dünnflüssig noch schaumig werden darf und eine fortlaufende Gewichtskontrolle, die anfangs alle drei Tage, später wöchentlich erfolgen und in der Zwingerkartei vermerkt werden sollte.

Die Abgabe der Welpen an den neuen Besitzer darf auf keinen Fall unter einem Lebensalter von acht bis neun Wochen erfolgen. Bis zu diesem Zeitpunkt sollte ihr Körpergewicht um die 12 kg betragen. Nachfolgende Übersicht gibt Anhaltspunkte zur Gewichtsentwicklung im Durchschnitt von 236 Welpen aus 35 Würfen schwarz-blau-Zucht im Zwinger »vom Borntal«.

Gewichtsentwicklung Doggenwelpen schwarz-blau-Zucht im Zwinger »vom Borntal«
Durchschnitt 236 Welpen aus 35 Würfen in 21 Jahren

Gewichtskontrollen am	Durchschnitt in g pro Welpe
3. Lebenstag	600
6. Lebenstag	750
9. Lebenstag	1125
12. Lebenstag	1400
3. Woche	2885
4. Woche	3900
5. Woche	5000
6. Woche	6890
7. Woche	9545
8. Woche	11600
9. Woche	13090

Im Kapitel 7 erfolgen unter Gesundheitsfürsorge Ausführungen zur Immunisierung gegen Parvovirose, Staupe, Leberentzündung (H.c.c.I.), Leptospirose und Tollwut.

AUFZUCHT DER JUNGHUNDE

Der Begriff Junghund ist relativ und der Übergang vom Welpen in dieses jugendliche Stadium fließend. Auf Hundeausstellungen findet man für die Deutsche Dogge bis sechs Monate eine Nachwuchsklasse, bis neun Monate Jüngstenklasse, und die Jugendklasse ist der Lebensabschnitt zwischen dem neunten und dem 18. Monat.

An dieser Stelle soll der Zeitpunkt der Definition als Junghund recht weit vorverlegt werden und zwar auf den Abgabetermin der Welpen vom Züchter an den neuen Besitzer. Obwohl es sich im eigentlichen Sinne zu dieser Zeit noch um einen Welpen handelt, ist dieser Moment im Leben der jungen Dogge doch von tief greifenden Veränderungen gekennzeichnet. Sie vermisst ihre Mutter und Geschwister, unter veränderten Verhältnissen werden die gewohnten Erfordernisse der Prägung, der Ernährung und Unterbringung fortgesetzt, mitunter verschlechtert, weniger sachkundig gestaltet oder auch verbessert. Viel Verständnis muss vom neuen Besitzer aufgebracht werden, um das Meutegeschehen zu begreifen und durch eigene Anwesenheit den richtigen Kontakt zu prägen. Schließlich bleibt zu beachten, dass für die junge Deutsche Dogge das größte Risiko hinsichtlich Skeletterkrankungen in der Zeit zwischen dem dritten und sechsten Lebensmonat besteht.

Aus diesen und weiteren Überlegungen soll die Deutsche Dogge ab ihrem dritten bis 18. Lebensmonat als Junghund angesehen und über diese Zeit ihren Entwicklungsanforderungen Rechnung getragen werden.

Wer sich eine junge Dogge zulegt und bereits einen oder mehrere erwachsene Hunde besitzt, wird im Allgemeinen keine Schwierigkeiten haben, den Neuling in den Rudelverband einzugliedern. Voraussetzung ist allerdings, dass der Halter Kenntnisse und Einfühlungsvermögen in das

Erste Stunden im neuen Zuhause. Foto: Schwappach.

Sozialverhalten seiner Tiere besitzt. Er muss das Rudel in den ersten Tagen ständig beaufsichtigen und seine Alpha-Stellung durchsetzen. Welpen und junge Hunde genießen zwar in der Rudelhierarchie eine gewisse »Narrenfreiheit«, das heißt, sie nehmen innerhalb der Meute noch keine Rangordnung ein und erhalten Schutz nach außen. In diesem Zusammenhang kann es aber unter den erwachsenen Tieren zu Rangeleien um die Alpha-Stellung und Neuordnung im Rudel kommen. Das ist der Zeitpunkt, wo der Mensch mit Sachverstand eingreifen muss (siehe dazu auch Kapitel 3 »Sozialverhalten«). Ob nun die junge Dogge in ein Rudel eingegliedert wird oder als Einzeltier in menschlicher Ersatzmeute aufwächst, in jedem Fall erfolgt die Fortsetzung der Prägung, um die Wesensbildung positiv zu beeinflussen. Die Ausprägung eines gutartigen Wesens hat für diese große Rasse eine außerordentliche Bedeutung, damit die »sanften Riesen«, wie bereits erwähnt, in unserer nicht gerade hundefreundlichen Gesellschaft im Positiven gegen die Kampfhundehysterie stehen.

Nun ist es im Rahmen dieses Buches nicht möglich und auch nicht erforderlich, ausführlich den gesamten Komplex der Prägungsmaßnahmen für eine junge Dogge abzuhandeln. Artgerechte Haltung und Unterbringung, der Aufbau eines guten Vertrauens- und Kontaktverhältnisses zwischen Mensch und seiner Dogge sind wesentliche Grundlagen für das gewünschte Sozialverhalten in der Ersatzmeute Mensch - Hund. Es ist erforderlich, dass man sich mit der

In Deutschland nicht mehr anzutreffen - weißer Junghund.

Foto: Pravitas (Österreich).

Junge Dogge in Gewöhnung an andere Artgenossen.

Foto: Lünnig.

Junghunde aus verschiedenen Würfen. Foto: Rawert.

jungen Dogge viel befasst, mit ihr spricht, Lob und Tadel zum richtigen Augenblick in erforderlicher Intensität anbringt. Mit einem Minimum an Zwang und einem Maximum an Wissen über die zeitige Lernfähigkeit der Dogge wird man sie verhältnismäßig schnell harmonisch in die menschliche Umwelt integrieren und auch ein gutes Verhältnis zu anderen Tieren aufbauen.

Auf Spaziergängen und zu anderen Gelegenheiten sollte man die junge Dogge mit anderen Hunden zusammenbringen und von fremden Leuten streicheln lassen. Natürlich muss man sie dabei vor schlechten Erfahrungen schützen, wie dem Zusammentreffen mit Hunden, die als Raufer bekannt sind, oder mit Menschen, die eine hundefeindliche Einstellung erkennen lassen. Günstig wirken sich Teilnahmen an Welpenspielstunden, wie sie die Ortsgruppe des DDC anbieten, auf die Wesensprägung aus. Die junge Dogge sollte auch so oft wie möglich im Auto mitfahren, dass vermittelt ihr viele neue Eindrücke, festigt sie im Wesen und beugt einer späteren Unverträglichkeit des Autofahrens vor.

Was wir der jungen Dogge ebenfalls so früh wie möglich anerziehen sollten, ist das ordnungsgemäße Zähne zeigen. Bereits zu Beginn des Zahnwechsels sind Kontrollbesichtigungen der Zähne erforderlich, um eventuell persistierende Milchzähne zu entfernen. Das Gleiche gilt für tierärztliche Untersuchungen. Das Anlernen dieses Vorganges erfordert entsprechende Ausdauer und Wiederholung mit anschließender Belobigung. Keinesfalls darf dabei dem Junghund die Nase zugehalten werden, was leider manchmal festzustellen ist.

Eine weitere, sehr wichtige Anforderung an die Aufzucht der jungen Dogge ist die Gewährleistung ihres proportional zum Lebensalter gestalteten Bewegungserfordernisses. Von Natur aus ist der Hund ein Lauftier und die große Deutsche Dogge als ehemaliger Jagd- und Hatzhund benötigt zur Aufrechterhaltung ihrer Fitness besonders viel Bewegung. Der Halter von Deutschen Doggen sollte bemüht sein, den Laufwillen zu fördern und weiter zu entwickeln.

Aber genau an dieser Stelle sind immer wieder enorme Fehler festzustellen, indem die oben genannte Proportionalität der Bewegungsintensität dem Lebensalter entsprechend nicht eingehalten wird. In ihrer stärksten Intensivwachstumszeit zwischen dem dritten und siebenten Monat hat die Deutsche Dogge bereits eine Widerristhöhe erreicht, die derer ausgewachsener Hunde mittlerer Rassen entspricht. So wird sie nicht selten schon in diesem Alter aus purem Unverstand an Gewaltmärschen beteiligt. Wie bereits ausgeführt, ist in diesem Alter das künftige Skelett noch nicht zum Knochen ausgereift bzw. mineralisiert. Stellungsanomalien, bleibende Skeletterkrankungen, Schäden an Bändern und am Muskelapparat sind unausweichliche Folgen derartiger Überforderungen der zwar schon großen, aber noch zu jungen Dogge.

Mit der großen Schwester erstmals im PKW. Foto: I. Krautwurst.

Übung:
Zähne zeigen - Schere.

Foto: I. Krautwurst.

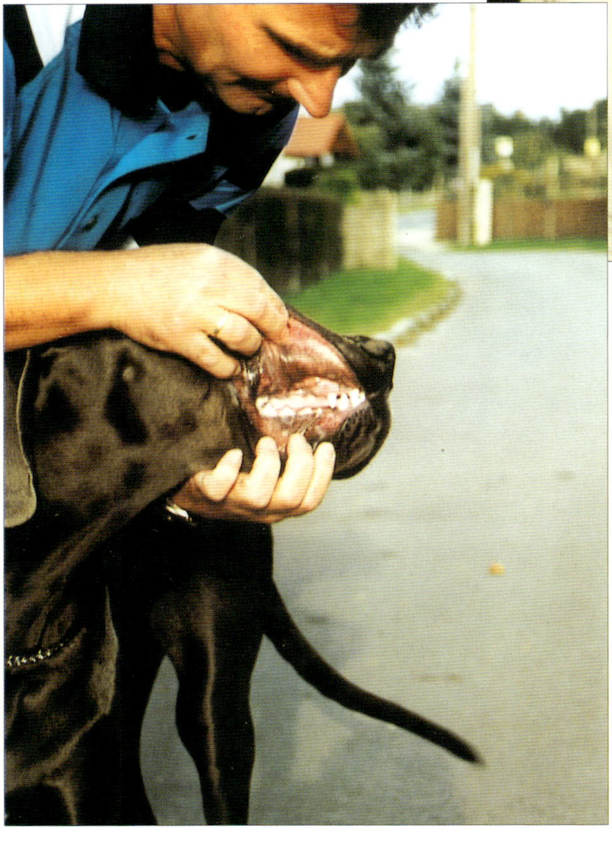

Übung:
Zähne zeigen - Seitenansicht.

Foto: I. Krautwurst.

Mit Nachdruck muss nochmals betont werden, dass es immer auf eine altersgerechte Bewegung ankommen muss. So jung wie möglich sollte die Dogge auf kurzen Entfernungen an Menschen und andere Hunde bzw. Tiere und den Straßenverkehr gewöhnt werden. Ansonsten kann sie sich im Garten und im Hausgrundstück austoben und die Zeitspanne selbst bestimmen. Vom vierten bis sechsten Lebensmonat werden die täglichen zweimaligen Spaziergänge systematisch, unter ständiger Beachtung des Laufwillens von insgesamt ca. einen Kilometer auf drei Kilometer erweitert. Trotz gegenwärtig eingeschränkter Freiräume sollte die junge Dogge ihre Bewegung möglichst viel unangeleint genießen können.

So positiv sich auch das tägliche Training am Fahrrad auswirkt, vor Erreichen des siebenten Lebensmonates sollte die Dogge nur mit dem Rad vertraut gemacht werden. Danach erfolgt ein kontinuierlicher Aufbau, der nicht übertrieben werden darf.

Eine sehr wichtige Frage, vielleicht die allerwichtigste, für die Aufzucht der Deutschen Dogge ist die der Ernährung. Auf die zu beachtenden Besonderheiten wie niedrige Welpengeburtsgewichte, erhöhte Wachstumsintensität, Langzeitwachstum u. a. m. wurde schon verwiesen. Es stellt sich die Frage, welches Nahrungsprogramm kann ich anwenden, damit alle Kriterien bezüglich Nährstoffzufuhr optimal gewährleistet sind und die Ernährung der Junghunde auf den erforderlichen Zuwachs an Muskulatur und kontinuierliche Skelettentwicklung eingestellt ist.

Junge Doggen »von Harlekin« im ausgelassenen Spiel. Foto: W. Fuchs.

So anmaßend es auch erscheinen mag, ein Nahrungsprogramm, das optimal den Entwicklungserfordernissen der jungen Dogge entspricht, konnte ich bei nur wenigen Züchtern und noch seltener in der Aufzucht der Einzeldogge beim Liebhaber der Rasse nachvollziehen. Vieles ist auf Vermenschlichung, schnelles Wachstum, Erreichung von Körpergröße und Masse bei fehlenden Kenntnissen zu den Inhaltsstoffen der Nahrung ausgerichtet. Das Ergebnis sind Organschäden, Skelettanomalien, frühzeitige Erkrankungen und kurze Lebenserwartung. Es erscheint unbedingt sinnvoll, vorweg auf einige Fehler bzw. Erfordernisse aufmerksam zu machen.

Aus Gründen des bereits genannten relativ kleinen Verdauungstraktes der Deutschen Doggen im Verhältnis zu ihrem Körpergewicht und der damit im Zusammenhang stehenden Gefahr der Magendrehung, müssen die Futterfrequenzen beim Junghund mit drei Mahlzeiten pro Tag bis zum sechsten, besser bis zum neunten Lebensmonat beibehalten werden. Gravierende Fehler sind immer wieder in einer Fehldosierung an Energie- und Eiweißträgern sowie in Unter- oder Überangebot von Mineralien und Vitaminen festzustellen. Als Erstes soll diesbezüglich eine falsche Meinung widerlegt werden, die darin besteht, dass die Endgröße durch die Ernährung zu beeinflussen sei. Das ist nicht der Fall, die Endgröße ist genetisch festgelegt (determiniert). Wohl aber ist es möglich, die Wachstumsgeschwindigkeit, vorwiegend die Körpermasse, durch falsche Ernährung (Energieüberangebot) zu beschleunigen. Das ist leider noch ein weit verbreiteter Tatbestand, der schwer wiegende Folgen für den Knochenaufbau hat. Anzustreben ist ein langsames und kontinuierliches Wachstum der Deutschen Doggen, und das erreicht man, wenn die Aufzuchtnahrung durch niedrige Fett- und Energiegehalte gekennzeichnet ist.

Weiterhin ist die teilweise unter Doggenliebhabern und auch Züchtern verbreitete Meinung zu bestreiten, dass Rohproteinanteile von über 30 % in der Aufzuchtnahrung zu übermäßigem Größenwachstum führen. Man verkennt offensichtlich die Zusammenhänge genetischer Fixierung der erreichbaren Körpergröße und der oben beschriebenen Beeinflussbarkeit der Wachstumsgeschwindigkeit durch Energieüberhang in der Aufzuchtration. Offensichtlich ist auch vielen die erfolgreiche Aufzucht in der Vergangenheit mit überwiegender Fleischnahrung und somit hohem Eiweißgehalt nicht mehr bekannt. Wir lassen uns davon leiten, dass hohe Proteinwerte in der Aufzuchtnahrung wichtige Baustofffunktionen für das Bindegewebe und die Muskulatur darstellen. Weitere Bedeutung haben sie für den Aufbau des Immunsystems sowie für das Kollagen im wachsenden Knochen.

Als Nächstes verbleibt die Gefahr der Unter- und Überdosierung von Mineralien und Vitaminen. Bezüglich Überdosierung von Kalzium gilt die Feststellung, dass wachsende Hunde noch keine Schutzmechanismen gegen überhöhte Zugaben besitzen, wie das bei erwachsenen Tieren der Fall ist. Unter dem Einfluss von Hormonen wird Kalziumüberschuss so stark in die Knochen eingelagert, dass es zu einer gesteigert gestörten Verknöcherung führt, die mit Bewegungsbehinderungen verbunden ist. Unterversorgung hingegen führt zu mangelnder Mineralisierung der Knochen, die z. T. auch mangels Phosphor in Verbindung mit unzureichender Vitamin D-Versorgung zu der gegenwärtig selten auftretenden Rachitis führen kann. Es ist deshalb dringend anzuraten, einem Alleinfutter keinesfalls Vitamin-Mineral-Präparate zuzusetzen.

In den letzten Jahren treten vorwiegend bei großwüchsigen Rassen und somit auch bei der Deutschen Dogge mit steigender Tendenz Skelettveränderungen bzw. Skeletterkrankungen auf, obwohl die Nahrung hinsichtlich der entscheidenden Nährstoffe (Proteine, Mineralstoffe, Vitamine) optimal ausgerichtet ist. Diese Skeletterkrankungen werden von der Wissenschaft dem Formkreis der *erworbenen Entwicklungsstörungen* zugeordnet. Gleichzeitig geht man von einer

Junge Dogge »v. Borntal« im Alter von 6 Monaten.
Foto: Hiller.

genetischen Disposition aus, die sich aus dem Großwuchs ableitet *(Zentek, Dämmrich, Meyer 1995)*, siehe auch Kap.2 *(Herzog 1999)* Größenwachstum - genetische Disposition- hormonelle Beeinflussung. Es wird deshalb als dringend erforderlich angesehen, dass die Zuchtleitung populationsgenetische Maßnahmen einleitet, um somit das Größenwachstum zu stoppen und über Selektion erbgesunder Tiere das Problem von der Wurzel her angeht.

Diesbezügliche Symptome sind vorrangig Stellungsanomalien der Gliedmaßen, verformte Gelenkflächen und Absprengungsfrakturen. Auch die Osteochondrosis dissecans (OCD), die durch krankhafte Veränderungen des Knorpelgewebes, im Speziellen des Gelenkknorpels und des darunter liegenden Knochen, hervorgerufen wird, wird ebenso zu diesem Formenkreis der erworbenen Entwicklungsstörung gezählt wie das Wobbler Syndrom. Letzteres ist durch eine Deformation der Halswirbel mit Verengung des Rückenmarkkanals und Halsmarkquetschung gekennzeichnet, was zu Schwächung und Lähmung der Hinter- und auch Vorderläufe führt. Bezüglich des Befalls mit OCD setzt *Prof. Dr. Brunnberg 1998* die Deutsche Dogge an erste Stelle.

Abschließend verbleibt noch die Antwort auf die richtige Einbilanzierung der Nährstoffe in die Aufzuchtration. Am einfachsten ist zweifelsohne der Einsatz einer qualitativ hochwertigen Aufzuchtnahrung in Form von Alleinfutter. Dabei ist, entgegen der weit verbreiteten Empfehlung vieler Züchter, vor einer Ergänzung mit jeglichen Zutaten zu warnen, weil dadurch die nährstoffmäßig ausbilanzierte Nahrung eine Inbilanz erfährt. Weiterhin ist die wöchentliche Gewichtsentwicklung zu ermitteln, um die angegebene Futterdosierung genau einzuhalten.

Eine Aussage zur richtigen Einbilanzierung der Nährstoffe selbst zusammengestellter Aufzuchtrationen ist schwierig. Dies trifft unter oben beschriebenem Sachverhalt besonders für Mineralstoffe und Vitamine zu. Grundsätzlich sollte man zumindest den Gehalt der Futtermittel an Kalzium und Phosphor errechnen und den Bedarf mit Vitamin-Mineralstoffen ausbilanzieren. Nach Dämmrich werden in der Hauptwachstumsphase 480 mg Kalzium pro kg Körpergewicht und 85 bis 90mg Phosphor benötigt. Der Gehalt an verdaulichem Rohprotein, Rohfett und verdaulicher Energie muss in den zum Einsatz vorgesehenen Futtermitteln eingeschätzt und in die Ration einbilanziert werden. Nähere Einzelheiten finden Sie in »1 x 1 der Hundeernährung«, Kynos Verlag 2000.

Jeder erfahrene Züchter bzw. Halter, der auf diese Weise die Rationen für seine Jungdogge zusammenstellt, wird deren Wachstumsverlauf genau beobachten, das Normgewicht durch Wiegen prüfen und ständig bestrebt sein, seine wachsende Dogge nicht zu überfüttern, d. h. auf eine gute Kondition achten. Aus praktischen Erfahrungen orientieren wir uns bezüglich des Körpergewichtes an folgender Faustregel: Ende des vierten Lebensmonates 25 bis 28 kg, am Ende des sechsten Lebensmonates knapp 50 % des Erwachsenengewichtes.

Schließlich soll noch zu den Ernährungsbesonderheiten darauf verwiesen werden, dass die junge Dogge bezüglich Nahrungsaufnahme oft wählerisch ist und bei Inkonsequenz des Halters schnell zum Schlechtfresser erzogen wird. Keinesfalls sollte die *ad libitum* Fütterung (freie Futterverfügbarkeit) gewährt werden, dadurch wird der Schlechtfresser in seiner Manier noch gefördert und eine Kontrolle der täglichen Nährstoff- bzw. Energieaufnahme erschwert oder unmöglich gemacht.

Junger »Höhlenbewohner«. Foto: H. Isfort.

Kapitel 7

ERNÄHRUNG - PFLEGE - GESUNDHEITSFÜRSORGE

ERNÄHRUNG

Über die Ernährungsanforderungen der Zuchthündin, der Welpen und Junghunde haben wir in den vorstehenden Kapiteln schon ausführlich berichtet. Gleichzeitig wurde bereits für tiefgründigeren Wissensbedarf als Literatur auf das »1 x 1 der Hundeernährung« (Kynos Verlag 2000) verwiesen. Nachfolgend sollen deshalb nur noch einige Ernährungsbesonderheiten der erwachsenen Deutschen Dogge angeführt werden. Zusammenhänge zwischen Ernährung und der gefürchteten Magenblähung und Magendrehung werden gesondert im Kapitel 9 »Lebenserwartung und Krankheiten« nochmals erörtert.

Bei der Erstanschaffung einer Deutschen Dogge steht immer die Frage nach dem enormen Futterbedarf eines so großen Hundes. Es scheint deshalb sinnvoll, darauf hinzuweisen, dass die Zusammenhänge von Körpergröße und Futterbedarf relativ sind. Denn der Nährstoff- und Energiebedarf steigt nicht proportional mit der Körpergröße, sondern ist eher von der Körperoberfläche abhängig und diese wächst nur in der 3/4 Potenz zum Körpergewicht. Das bedeutet, je kleiner ein Hund ist, je größer ist seine Körperoberfläche im Verhältnis zu seinem Gewicht. Daraus resultiert, dass große Hunde im Erhaltungsstoffwechsel pro kg Körpergewicht weniger Energie benötigen als kleinere Artgenossen.

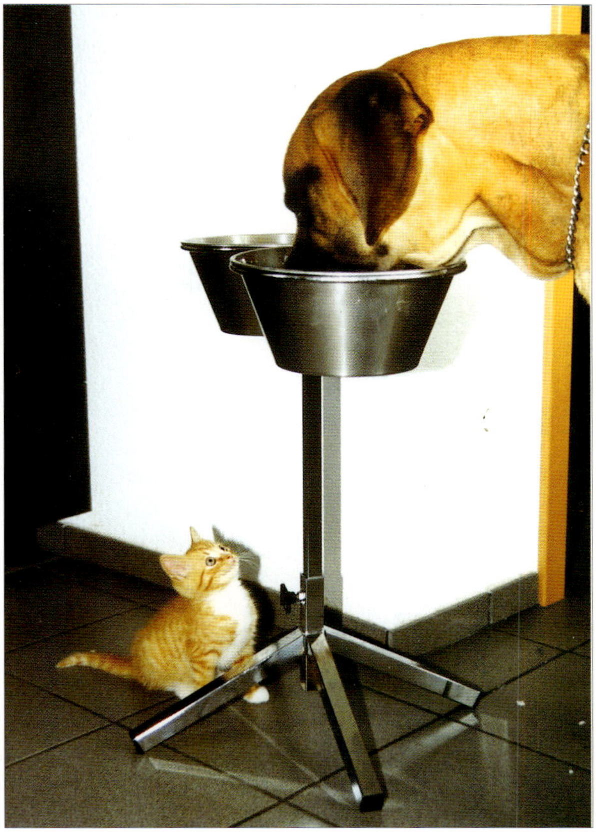

Camillo, die Katze, wartet darauf, dass Bassi ein Reiskorn fallen lässt.

Foto: Martin.

Von großer Bedeutung für die Ernährung der Dogge ist die Nährstoffzusammensetzung in der Ration. Es kommt auf eine nach Alter und Leistung ausbilanzierte Energiedichte aus hochverdaulichen Nährstoffen in Relation zum Rohprotein an. Übermäßig ballastreiche unausgeglichene Rationen führen zur Belastung des relativ kleinen Verdauungstraktes der Dogge und zu Verdauungsstörungen.

Eine mittelgroße Dogge hat im täglichen Erhaltungsstoffwechsel folgenden Nährstoffbedarf:

12,60 MJ verdauliche Energie

114 g verdauliches Rohprotein

6500 mg Kalzium

4875 mg Phosphor

Das Kalzium-Phosphor-Verhältnis sollte 1,2 bis 1,4 : 1 betragen. Die im Handel verfügbaren Vitamin-Mineralstoff-Ergänzungsfuttermittel enthalten dann meist im erforderlichen Verhältnis die übrigen Mengen an Spurenelementen und Vitaminen.

Bei Selbstzusammenstellung von Rationen sollte man die vielen Möglichkeiten des Einzelfutterangebotes nutzen, aber die Ration unbedingt nach Bedarf anhand von Futtermitteltabellen ausbalancieren.

Kommt hochwertiges Alleinfutter zum Einsatz, dann erreicht man oben angeführte tägliche Nährstoff - Bedarfsnormative, wenn das Produkt folgende Schlüsselwerte nachweist:

Rohprotein	ca. 26 bis 28 %
Rohfett	ca. 14 bis 16 %
Stärke	35 bis 38 %
Kalzium	1 %
Phosphor	0,7 %

Für eine Dogge mit 65 kg Körpergewicht beläuft sich dann der Tagesfutterbedarf zur Absicherung ihres Erhaltungsstoffwechsels auf 800 bis 1000 g dieses Alleinfutters.

Zu warnen ist vor jeglicher Beimischung von Nährstoffen in ein hochwertiges Alleinfutter. Es würde die optimale Nährstoffbilanz verändern, den Nährwerteffekt negativ beeinflussen und unter Umständen Verdauungsstörungen sowie Stoffwechselanomalien auslösen.

Von großer Bedeutung erscheint der Hinweis, dass auch die erwachsene Dogge ihre Ration täglich in zwei Mengen und zeitlich gleichen Verteilungen erhalten muss. Diese Notwendigkeit ergibt sich aus der Besonderheit ihres Verdauungstraktes im Verhältnis zur Körpergröße, um der gefürchteten Magendrehung entgegen zu wirken (siehe Kap. 9 Lebenserwartung und Krankheiten).

PFLEGE

Nicht selten ist zu vernehmen, die Deutsche Dogge sei pflegeleicht. Das ist natürlich eine sehr relative Meinung. Erstens steht der Umfang des täglichen Pflegeerfordernisses in direktem Zusammenhang mit der Unterbringung des Tieres, d. h. inwieweit sie besonderen Umweltbedingungen ausgesetzt ist. Zweitens bedürfen bestimmte Organe wie Augen, Ohren, Gebiss, Ballen, Krallen und u. U. auch der After (Analdrüsen) einer ständigen Gesundheitskontrolle und gegebenenfalls einer Pflege.

Bürsten dient der Reinigung und Hautmassage. Foto. I. Krautwurst.

Ringelblumensalbe dient der Vorbeugung von Liegeschwielen.
Foto. I. Krautwurst.

Als kurzhaariger Hund könnte man sich bezüglich des Felles von einem geringen Pflegeaufwand leiten lassen. Aber auch die *Fellpflege* ist in Abhängigkeit von der Jahreszeit wöchentlich ein- bis viermal mittels Gumminoppenhandschuh erforderlich. Damit erzielt man neben dem Reinigungseffekt gleichzeitig eine Hautmassage. Anschließend verwendet man ein Wolltuch oder auch ein feuchtes Fensterleder, um aufgekommene Hautschuppen zu entfernen und dem Fell Glanz zu verleihen.

Die pflegeintensivste Zeit des Felles ist die des Haarwechsels. Jetzt sollte die Dogge möglichst täglich mit Noppenhandschuh oder Rosshaarbürste bearbeitet werden. Deutsche Doggen, die sich viel im Freien aufhalten, entwickeln ein dichteres Unterfell als Wohnungsdoggen. Um diese Unterwolle zu entfernen hat sich die vorsichtige Anwendung eines stumpfen Metallsägeblattes bewährt.

Ausstriegeln der alten Fellhaare mittels stumpfem Metallsägeblatt.
Foto: I. Krautwurst.

Besonders augenscheinlich ist der erste Haarwechsel, den die junge Dogge erlebt. Die Unterwolle stirbt dabei eher ab als sich die alten Haare lösen. Blaue Doggen erscheinen dann oft fast hellgrau und schwarze wie bräunlich-gelb eingefärbt.

Für die Fellpflege ist es nicht erforderlich, die Dogge zu baden, es sei denn, sie hat sich in Kot oder anderem stinkenden Unrat gewälzt. Zum Reinigen genügt dann meist schon ein Abspülen mit warmen Wasser.

Im weiteren Sinne gehört zur Fellpflege auch das Vorbeugen gegen die so genannten »Liegestellen«, vorwiegend an den äußeren Ellenbogen. Diese, teils bis zu Liegeschwielen ausartenden Druckstellen, stehen im Zusammenhang mit der Gestaltung der Lagerstätte für das Tier. Eine genetische Disposition dürfte aber auch nicht auszuschließen sein. Zum Vorbeugen und zur Behandlung haben sich Melkfett mit Ringelblumensalbe und Vaseline mit 5 bis 10 % Perubalsam bewährt. Bei besonders disponierten Tieren ist die Ansiedlung von Staphylokokken in fortgeschrittenen Liegestellen nicht auszuschließen, der Tierarzt wird dann mit einem entsprechenden Medikament eine Allgemeinbehandlung empfehlen.

Am *Auge* erkennt der erfahrene Hundehalter den Gesundheitszustand seines Hundes. Sich anbahnende Erkrankungen im Organismus kann man oft am Auge und der Bindehaut erkennen. Zu Bindehautentzündung (Konjunktivitis) kommt es neben Verletzung und direkter Infektion der Bindehaut auch als Begleiterscheinung einer Erkältungskrankheit und bei anderen organischen Infektionen wie beispielsweise der Staupe. Wenn die körpereigene Abwehr gewährleistet ist, bildet der Organismus vermehrt weiße Blutkörperchen. Das bedingt die Absonderung gelblichen Sekretes, das sich im unteren Augenlid und im inneren Augenwinkel ansammelt. Deshalb empfiehlt sich eine tägliche Kontrolle und gegebenenfalls das Auswischen der Augen. Häufiger Anlass zur Säuberung der Augen geben auch Deutsche Doggen, die an so genannten offenen Augen leiden, als Ergebnis züchterischer Selektion nach übermäßiger starker Belefzung vor noch gar nicht all zu langer Zeit.

Das Reinigen der *Ohren* ist mit der Standardisierung des hängenden Ohres ohne Zweifel dringender notwendig. Die Empfänglichkeit für Entzündungen des äußeren Gehörganges (Ohrenzwang) sollte nicht unterschätzt werden. Das erfordert die regelmäßige Säuberung mit einem weichen Tuch. Zeigt sich vermehrt dunkleres Ohrenschmalz oder äußert die Dogge beim Berühren des Ohrganges Schmerzempfinden und schüttelt des Öfteren mit dem Kopf, dann sollte umgehend der Tierarzt aufgesucht werden, ihm stehen wirkungsvolle Medikamente zur Verfügung.

Auf das Erfordernis der Kontrolle des *Gebisses* für Ausstellungshunde wurde bereits verwiesen. Aber auch bei der wachsenden Dogge müssen die Zähne auf Stellungsveränderungen geprüft werden. Wenn die erwachsene Dogge keine Möglichkeit zur Selbstreinigung der Zähne durch Abnagen großer Rinderknochen erhält, sollte ihr Gebiss etwa vierteljährlich auf Zahnsteinbildung untersucht werden. Beginnender Zahnstein äußert sich durch unangenehmen Mundgeruch.

Die *Krallen* der Deutschen Dogge sind normalerweise in den geschlossenen, so genannten Katzenpfoten nach unten gerichtet. Artgerechte, naturgemäße Haltung, wobei die Dogge ständig auf unterschiedlicher Bodenbeschaffenheit läuft und im Erdreich wühlen kann, führen in der Regel zur Selbstabnutzung der Krallen. Ist das im Einzelnen nicht der Fall oder wird die Dogge artwidrig nur in der Wohnung gehalten, verwendet man zum Kürzen eine spezielle Krallenzange mit runden Schnittflächen. Dabei kann es beim Ungeübten zu Quetschungen der Kralle oder durch

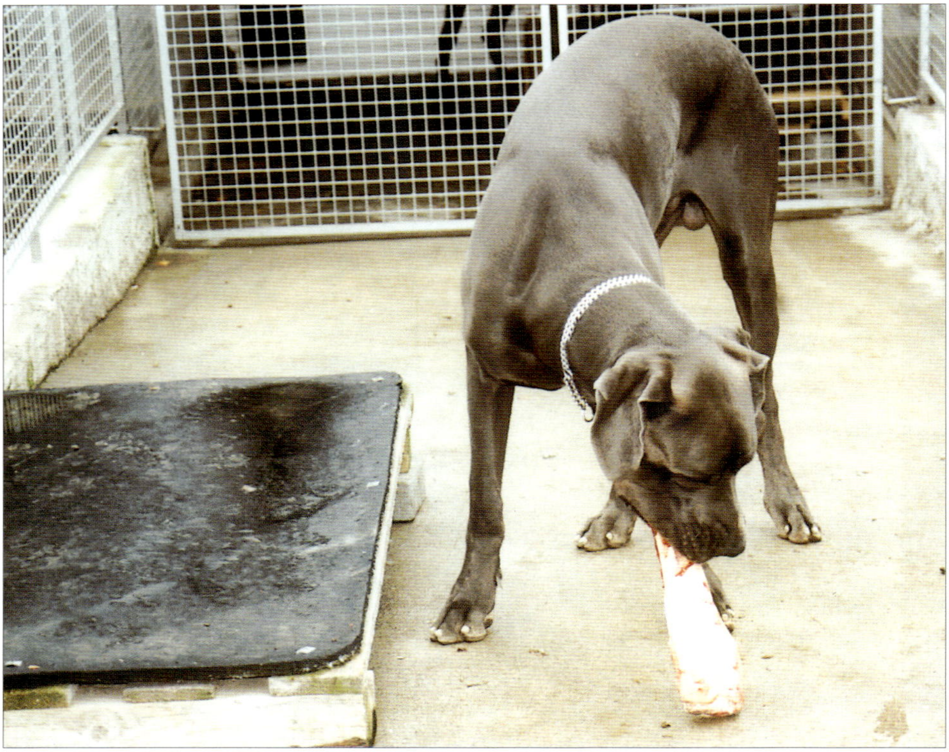

Zähne reinigen am Rinderknochen. Foto: I. Krautwurst.

zu tiefes Ansetzen zu Blutungen kommen. Dann sollte man besser einen Tierarzt mit dieser Pflegemaßnahme betrauen.

Die *Ballenpflege* soll nur der Vollständigkeit halber angesprochen werden. Die Ballen sind bei der Deutschen Dogge relativ unempfindlich, vorausgesetzt man lässt sie nicht täglich längere Zeit am Fahrrad auf mit Split oder sonstigem harten Material versehenen Straßen laufen. Im Winter, wenn die Dogge während des Spazierganges auf salzbestreuten Straßen gelaufen ist, empfiehlt es sich, die Pfoten in einem Eimer zu waschen, damit die Salzreste zwischen den Zehen nicht zu langwierigen Entzündungen führen.

Die *Analdrüsen,* so genannte Duftdrüsen der Fleischfresser, sind rechts und links vom After lokalisiert und entleeren ihr Sekret über Ausführungsgänge im Bereich der Schleimhaut. Bei jedem Kotabsatz mit entsprechend fester Konsistenz wird ein Teil des Sekretes entleert. Ist der Kot über längerer Zeit zu weich, unterbleibt die Entleerung der Analdrüsen, und es kann zur Analdrüsenentzündung bis hin zur Entstehung einer Analdrüsenfistel kommen. Die Dogge zeigt die Entzündung durch vermehrtes Lecken der schmerzhaften Analregion an. Die Pflege und Behandlung gehört dann sofort in die Hände des Tierarztes. Aufgabe des Doggenhalters ist die genaue Beobachtung seines Tieres, damit der Tierarzt rechtzeitig handeln kann.

GESUNDHEITSFÜRSORGE

Wie jede andere Hunderasse kann auch die Deutsche Dogge Infektionskrankheiten bekommen und von Parasiten befallen werden. Zur Stabilisierung der Immunität bzw. Bekämpfung von Erkrankungen bedarf sie einer ständigen Gesundheitsfürsorge.

Impfungen

Im Kapitel 6 »Welpenaufzucht« wurde schon auf das Erfordernis der Welpenimmunisierung gegen Parvovirose, Staupe, Leberentzündung (H.c.c.), Leptospirose und Tollwut eingegangen.

Der neugeborene Welpe besitzt bei der Geburt Immunität gegen alle die Krankheiten, für die bei der Mutter noch Impfschutz vorhanden ist. Diese embryonal übernommene Immunität ist beim Welpen ungefähr ab der vierten Lebenswoche rückläufig, so dass es bei starkem Infektionsdruck ca. ab der sechsten Lebenswoche zu Erkrankungen kommen kann. Wir impfen deshalb unsere Welpen erstmals im Alter von sechs Wochen monovalent (einwertig) gegen Parvovirose. Die weiteren Impfungen erfolgen dann in der 8. bis 9. Lebenswoche als 4-fach und in der 12. bis 13. Lebenswoche als 6-fach Impfung. Außer der Immunisierung gegen die oben genannten fünf Krankheiten empfehlen wir unseren Welpenkäufern noch zusätzlich gegen Zwingerhusten zu impfen, da diese hochinfektiöse Erkrankung der Atemwege des Hundes immer häufiger in Erscheinung tritt.

Danach ergibt sich für uns folgendes Impfschema:

Alter der Welpen	**Impfschema**
6. Lebenswoche	monovalent gegen Parvovirose
8. Lebenswoche	4-fach Impfung gegen Parvovirose, Staupe, Leptospirose, inf. Leberentzündung (H.c.c.)
12. bis 13. Lebenswoche	6-fach Impfung gegen wie 8.Lebenswoche plus Tollwut und Zwingerhusten

Diese 6-fach Impfung ist dann nach spätestens 12, besser nach 11 Monaten zu wiederholen.

Der Aufbau des Impfschutzes wird wesentlich vom allgemeinen Gesundheitszustand des Welpen beeinflusst. Eine kritische Zeit für den Welpen liegt vor der 6-fach Impfung im Alter von 12 Wochen. In diesem Lebensalter ist der Welpe bei dem neuen Besitzer u. U. noch nicht vollständig auf seine neue Umgebung eingestellt, was eine gewisse Belastung darstellt und beachtet werden muss. Weiterhin wird der Aufbau des Impfschutzes durch möglichen Wurmbefall negativ beeinflusst.

Wurmkuren

Bei der Bekämpfung der so genannten Endoparasiten stehen für den Welpen die *Spulwürmer* an erster Stelle. Bedingt durch den Lebenszyklus des Schmarotzers liegt der Beginn der ersten Wurmkur bereits um den 10. Lebenstag des Welpen. Hormonell ausgelöst verlassen die Larven des Spulwurmes um den 40. Tag der Tragezeit die Muskulatur der Mutterhündin und gelangen mit dem Blut über die Plazenta in die Embryonen. Die kurze Entwicklungszeit der Larven bis zum geschlechtsreifen Wurm erfordert diese frühe erste Wurmkur, um Schädigungen des Welpen zu verhindern. Es ist erwiesen, dass nur ein Teil der Larven über oben geschilderten Weg in die Embryonen gelangt und später über die Muttermilch die Invasion weiter geht. Deshalb müssen unbedingt bis zur Abgabe der Welpen in 10 bis 14 tägigen Abständen weitere Wurmkuren erfolgen. Auch bei Junghunden kann bis zu einem Alter von 15 Monaten bei Hündinnen und bis 18 Monaten bei Rüden Spulwurmbefall auftreten und Wurmkuren angesagt sein. Nach diesem Alter können sich die Hunde zwar noch mit Spulwürmern infizieren, Würmer entstehen aber nicht mehr, da die Larven symptomlos in der Muskulatur verbleiben. Erst wenn die Hündin tragend ist, werden die Larven hormonell wieder aktiviert und der Kreislauf beginnt von neuem.

Hakenwürmer sind 1 bis 2 cm kleine Rundwürmer, die sich in der Dünndarmschleimhaut festsaugen und dem Hund Blut entziehen. Ihre Larvenentwicklung erfolgt außerhalb des Organismus bei einer Temperatur ab 20°C. Infektiöse Larven werden vom Hund aufgenommen, sie bohren sich über die Mundschleimhaut in den Organismus ein. Nach der Infektion mit Hakenwürmern entwickelt sich eine gewisse Immunität, deshalb treten sie bei gesunden Tieren verhältnismäßig selten auf. Auch erwachsene Hunde können sich mit Hakenwürmern infizieren, deshalb empfiehlt es sich, gelegentlich eine Kotuntersuchung auf evtl. Befall durchführen zu lassen. Zur Bekämpfung sind auch bei Hakenwürmerbefall die üblichen Medikamente gegen Spulwürmer gleichermaßen wirksam.

Bandwürmer sind weltweit verbreitet, sie parasitieren in acht verschiedenen Arten im Dünndarm eines Endwirtes. Jede Art benötigt für ihren Entwicklungszyklus einen Zwischenwirt. In diesem entwickelt sich aus dem Bandwurmei eine Larve, die so genannte Finne. Die Finne nimmt der Hund als Endwirt auf, aus ihr entsteht ein zwittriger Bandwurm, der dann Einzelsegmente (Glieder) mit befruchteten Eiern ausscheidet. Diese Bandwurmglieder sind auf dem Kot und/oder im Analbereich an den Haaren sichtbar. Es ist das sichere Zeichen, dass der Hund vom Bandwurm befallen ist.

Am häufigsten tritt der nach ihm benannte Hundebandwurm (Dipylidium Caninum) auf. Der Zwischenwirt dieses Bandwurmes ist die Larve des Hundeflohs. Die Prophylaxe gegen Bandwürmer beinhaltet deshalb auch die Freihaltung des Hundefelles von diesem Ektoparasit. Außer bei sehr starkem Befall verursacht der Hundebandwurm nur selten Krankheitssymptome. Trotzdem ist eine Wurmkur unbedingt angezeigt, dazu stehen eine Reihe wirkungsvolle Wurmmittel zur Verfügung.

Bei der vorrangig unter guten hygienischen Bedingungen gehaltenen kurzhaarigen Deutschen Dogge ist Bandwurmbefall selten. Eine routinemäßige Entwurmung scheint deshalb nicht unbedingt erforderlich. Ein weiterer, und zwar der gefährlichste, Bandwurm ist der dreigliedrige Bandwurm des Hundes Echinococcus granulosus mit einer Gesamtlänge von nur 2 bis 3 mm. In Deutschland sind nach *Hiepe (1994)* glücklicherweise weniger als 1 % der Hunde von diesem Parasiten befallen. Als Zwischenwirt sind fast alle Säugetiere und somit auch der Mensch bekannt. Die Finne wächst beim Menschen vorrangig in der Leber bis zu einer Größe eines Fußballes. Dieser Finnenbefall, die Hydatidorus-Echinokokkus, stellt eine lebensbedrohliche Erkrankung dar und erfordert meist eine chirurgische Entfernung.

Auch das Vorhandensein anderer beim Hund vorkommenden Bandwürmer, deren Finnen durch rohe Schlachtabfälle oder Mäuse übertragen werden, kann man an ausgewachsenen Gliedern im frischen Kot erkennen und eine sofortige Entwurmungskur einleiten.

Zu enger Kontakt kann zu Wurminfektionen führen. Foto: M. Rawert.

EKTOPARASITEN

Flöhe

Fast jeder Hund hat in seinem Leben einmal auf die eine oder andere Art Bekanntschaft mit Flöhen gemacht. Aber der Hundefreund spricht nicht gern darüber, obwohl Flohbefall kein Grund zur Scham, sondern ein Erfordernis zur sofortigen Bekämpfung des Schmarotzers darstellt. Flöhe gibt es seit 50 Millionen Jahren, ihre Sprungkraft und die riesige Flohbrut haben die Existenz auf dem Wirtstier bzw. dessen Umgebung so lange gesichert.

Der am meisten auf dem Hund vorkommende Floh ist der Katzenfloh Ctenocephalides felis. Er kann neben ständigem Juckreiz Allergien, Hautekzeme und Blutarmut verursachen. Wie bereits angeführt ist er in seiner Eigenschaft als Zwischenwirt für die Bandwurmfinne Auslöser dieses Wurmbefalls. Auch die Übertragung von Krankheitserregern ist nicht auszuschließen.

Gegenüber früher erfolgreichen Medikamenten zur Bekämpfung der Flöhe mit speziellem Puder, flüssigen Insektiziden oder auch Flohhalsbänder haben die Schmarotzer eine gewisse Resistenz entwickelt. Außerdem war es schwierig, die im Entwicklungszyklus des Flohes auftretenden, in der Umgebung des Hundes befindlichen Eier, Larven und Puppen mit zu vernichten. In Kenntnis des Flohzyklus kann dieser gegenwärtig durch einen hochwirksamen Eingriff nachhaltig unterbrochen werden. Ein Chitin-Synthese-Hemmer wird dem Hund in Form einer Tablette mit dem Futter verabreicht oder auch in flüssiger Form zwischen den Schulterblättern aufgebracht. Der Wirkstoff lagert sich danach im Fettgewebe des Hundes ab und wird kontinuierlich im Blut verteilt. Der saugende Floh nimmt ihn auf und gibt ihn über seine Eier weiter, dort verhindert er die Bildung von Chitin. Chitin ist aber für den so genannten Eizahn, den die Larve für das Schlüpfen benötigt, ebenso wie für die Bildung ihrer Haut erforderlich. Das ist das sichere Ende des Floh-Entwicklungs-Kreislaufes. Diese einfache und sehr wirksame Flohbekämpfung hat sich in mehreren medizinischen Versuchen als völlig unschädlich für den Hund erwiesen.

Zecken

In Mitteleuropa stellt der gemeine Holzbock (Ixodes ricinus) die am stärksten verbreitete Zecke dar. Der Schmarotzer wartet von März bis Oktober, mit Höhepunkt im Frühjahr und Herbst, auf Gräsern, Büschen und anderen Pflanzen bis er den Geruch eines Hundes wahrnimmt und lässt sich dann förmlich auf sein Wirtstier fallen. Danach sucht die Zecke sich meist eine weniger stark behaarte Stelle aus, um sich einzubohren und mit ihrem Saugrüssel tief in der Haut zu verankern. Nach zwei bis drei Tagen hat sich der Holzbock bis zur Größe einer Erbse vollgesaugt und lässt sich wieder abfallen. Dabei hat er im Allgemeinen nur eine geringfügige Hautschwellung verursacht.

Die Gefahr für den Hund besteht in der Übertragung der bakteriellen Infektion, der Zecken-Borreliose. Diese winzigen Bakterien wurden erst 1980 in einer Zecke gefunden und nach ihrem Entdecker Borrelia benannt. Als Reservoir für die Borrelien-Bakterien dienen vorwiegend Mäuse und Igel, ohne dass sie selbst erkranken. Die Larven des Holzbockes saugen Blut von diesen Tieren und nehmen dabei bereits das Borrelia-Bakterium auf. Hat sich die auf diese Weise schon im Larvenstadium infizierte Zecke beim Hund angesaugt, überträgt sie mit ihrem Speichel das Bakterium auf den Hund. Je länger die Zecke saugt, umso größer ist das Infektionsrisiko.

Deshalb sollte man Zecken sofort entfernen, wenn man sie auf dem kurzhaarigen Fell der Dogge erkennt. Hat sie sich bereits in der Haut eingebohrt, kann sie mit einer speziellen Zeckenzange erfasst und samt Mundwerkzeugen herausgedreht werden. Als Vorbeugung gegen die Borreliose, nicht gegen den Zeckenbefall, ist jetzt auch eine Schutzimpfung möglich, von der in besonders gefährdeten Gebieten immer mehr Gebrauch gemacht wird. Mancherorts soll jede dritte Zecke den Erreger tragen. Es können sowohl erwachsene Hunde einschließlich trächtige Hündinnen und auch Welpen ab der 12. Lebenswoche geimpft werden. Eine Wiederholungsimpfung ist spätestens nach einem Jahr erforderlich. Als optimale Impfzeit gilt Oktober bis Februar, damit vor Aktivwerden der Zecken-Impfschutz aufgebaut wird.

Die Borreliose ist eine ernst zu nehmende Krankheit. Sie beginnt mit Mattigkeit, Appetitlosigkeit und Fieber, dann setzen Gelenkentzündungen mit Schwellungen ein, dies bedingt Lahmheit und erschwertes Aufstehen. Im weiteren Verlauf können das Nervensystem, Herz und Nieren geschädigt werden.

Milben

Bei den Milben handelt es sich einerseits um die gegenwärtig weniger verbreitete Sarcoptesmilbe, die durch Körperkontakt von Tier zu Tier und auch auf den Menschen übertragen werden kann. Die von der Grabmilbe (Sarcoptes scaliei) verursachte Hautkrankheit ruft Juckreiz, Ekzeme evtl. auch Eiterungen hervor. In der Regel beginnt die Räude am Kopf, um sich von hier aus über den Körper auszudehnen. Die Behandlung hat so bald wie möglich durch einen Tierarzt zu erfolgen.

Andererseits sind sehr viele Hunde Träger der Demodexmilbe, ohne dass ihre Besitzer etwas davon merken oder Krankheitszeichen bei ihrem Tier feststellen. Auch wenn der Tierarzt in einem Hautgeschabsel einige Demodexmilben findet, ist das ein vollkommen normaler Befund. Ein intaktes Immunsystem des Hundes begrenzt die Vermehrung der Demodexmilbe und stellt somit ein natürliches Gleichgewicht zwischen dem Parasiten und dem Wirt Hund dar.

Von der Erkrankung Demodikose wird erst dann gesprochen, wenn die Haut durch massenhaften Milbenbefall geschädigt wird. Die Ursache ist dann eine Störung des Immunsystems. Diese Störung kann vielseitiger Art sein, wie schwere innere Erkrankungen, Tumorbildungen, Schilddrüsenunterfunktion u.a.m. Die jugendliche Form der Demodikose wird durch den so genannten T-Zell-Defekt bedingt. T-Zellen spielen als Bestandteile der weißen Blutkörperchen eine wichtige Rolle im Immunsystem. Der Erbgang der Demodikose ist noch unklar, denn sie tritt nicht bei jedem Nachkommen eines belasteten Elterntieres auf.

Die Übertragung der Demodexmilbe soll nach Literaturangaben (Kapel 1998) nur innerhalb der ersten Lebenstage durch intensiven Körperkontakt mit der Mutter während des Saugens erfolgen. Übertragungen schon im Mutterleib und direkt über die Milch konnten nicht bewiesen werden. Die Gefahr einer Ansteckung nimmt mit dem Heranwachsen der Welpen stark ab. In wissenschaftlichen Untersuchungen ist es nicht gelungen, Junghunde mit Demodexmilben zu infizieren.

Zur Behandlung steht als Erstes die Feststellung und Behandlung einer evtl. zu Grunde liegenden Erkrankung, die das Immunsystem schwächt. Zur anti-parasitären Behandlung wird der Tierarzt Präparate für ein Ganzkörperbad vorschlagen, deren Verträglichkeit allerdings umstritten ist.

Wesentlich erscheinen zuchthygienische Maßnahmen, wobei davon ausgegangen werden muss, dass nicht die Demodexmilbe, sondern der Immundefekt zur Erkrankung führt. Deshalb sollten als klinisch anfällig erkannte Tiere nicht in der Zucht eingesetzt werden.

Zufriedener Ausblick!

Foto: M. Rawert.

Kapitel 8

DIE DEUTSCHE DOGGE ALS FREIZEITPARTNER

VORAUSSETZUNGEN für das TEAM - DOGGE - MENSCH

Nicht jeder Mensch eignet sich als Partner für eine Deutsche Dogge, das haben wir anlässlich der Charakterisierung ihres Sozialverhaltens bereits hervorgehoben. Auf Besonderheiten, die eine artgerechte Doggenhaltung erfordert, wurde ebenfalls verwiesen. An dieser Stelle geht es einleitend um die Erfahrung, dass des Öfteren der Kauf eines Welpen einer so großen Rasse nicht in all seinen Konsequenzen durchdacht ist. Der verantwortungsbewusste Züchter nimmt dann nicht selten seinen Welpen oder Junghund wieder zurück, weil der neue Besitzer die Aufzuchterfordernisse nicht erfüllt. In anderen Fällen kommt eine Rücknahme des Tieres durch den Züchter nicht zu Stande, verantwortungslose Besitzer verlieren das Interesse an der Dogge oft erst zu späterer Zeit. Das Tier muss dann meistens in erbärmlichen Verhältnissen sein Leben verbringen, wenn nicht tierschutzbewusste Menschen eingreifen.

Schon die Motive des Bewerbers zur Anschaffung einer Deutschen Dogge müssen vom Züchter aufmerksam erkundet werden, um eventuell den Kauf von vornherein zu verhindern. Nicht selten dominiert nur das Gefühl, mit einem so großen Hund seinen Bekannten und natürlich auch Unbekannten zu imponieren oder interessant zu erscheinen. Andere wiederum wollen einen so großen Hund zur »Abschreckung«, prägen ihn rassewidrig und schaden außer dem Einzeltier dem Ansehen anderer Doggenbesitzer und der ganzen Rasse.

Es muss deshalb immer wieder darauf verwiesen werden, eine Deutsche Dogge beansprucht viel Zeit und möglichst ständiges Zusammensein mit ihren Menschen. Viel Bewegung außerhalb des Grundstücks, äußerste Sorgfalt, Pflege und viel Liebe. Wer diese Anforderungen als »Arbeitspflicht« empfindet, also wenn sie nicht zum Lebensbedürfnis werden, der sollte sich einem anderen Hobby zuwenden. Die Deutsche Dogge als Freizeitpartner bedeutet keinesfalls, dass man sich nur in der »freien Zeit« mit ihr befasst, sondern es ist erforderlich, dass man seinen täglichen Lebensrhythmus auf ihre Bedürfnisse einstellt.

Nun gibt es natürlich viele Interessenten, die sich nach langer Vorbereitung mit großer Hingabe der Rasse verschrieben haben. Für sie entsteht dann eines Tages die Frage des Herausfindens eines vertrauenswürdigen Züchters, und das ist in der Tat auch nicht einfach. Keinesfalls sollten sie eine Deutsche Dogge von Leuten erwerben, die mit Hunden oder auch mit anderen Tieren handeln. Tierhändler haben im Allgemeinen nicht die geringste Bindung zum Tier und auch nicht im Speziellen für den Hund. Für sie sind alle Tiere nur Ware, die einen möglichst hohen Profit erbringen muss. Auch die Herkunft der Händler-Welpen ist meist aus fraglichen Quellen mit ebenso fraglicher Ahnentafel und Impfpass. Diese oft unterentwickelten, nicht entwurmten, teils schon infizierten Geschöpfe werden häufig im Ausland billig aufgekauft, im Kofferraum des PKW oder in Anhängern transportiert. Was dabei verendet, wird auch gleich unterwegs »entsorgt« und die anderen Tiere so schnell wie möglich abgesetzt.

Kaufen sie ihren Doggenwelpen unbedingt nur bei einem organisierten Züchter. Aber auch hier ist genaue Prüfung angesagt. Lesen sie dazu nochmals im Kapitel »Züchtung« über Vermehrer und Massenzüchter. Überzeugen Sie sich in verschiedenen Zuchtstätten vom Zustand der Welpen und der Mutterhündin, ihrer Unterbringung und ihrem Wesensverhalten.

Lassen sie sich nicht von Sieger- oder Championtiteln blenden, diese sind weder vererbbar noch sagen sie etwas über die Erbgesundheit aus. Verlangen Sie vom Züchter Aufklärung und auch Erläuterungen seiner Gründe zur Verpaarung der Elterntiere. Die Erbgesundheit muss dabei an erster Stelle stehen. Diese können Sie am Grad der Inzucht und anderen Kriterien wie HD-Freiheit und Lebensalter einschätzen. Bei einem Züchter, der unter oben genannten Anforderungen mit Grundwissen zur Vererbung, Ernährung und Pflege gesunde, gut entwickelte Welpen hervorgebracht hat, sollten Sie mit dem Kauf nicht länger zögern. Bedenken Sie aber auch, dass eine derartige Zucht nicht billig ist, ein guter Züchter wird dafür keine Kosten scheuen.

Der Käufer muss sich aber im Klaren sein, dass die eigentlichen Kosten erst nach dem Kauf anfallen. Finanziell gilt der Grundsatz: Wer kein Geld zum Kauf aufbringt, der hat auch nicht die erforderlichen Mittel für die Aufzucht. Über Zucht und Aufzucht besagt eine Regel: »Der Züchter schafft den Welpen - der Aufzüchter den Hund.«

Im Kapitel »Sozialverhalten« sowie bei der Beschreibung der Aufzucht von Welpen und Junghunden wurden schon wesentliche Aspekte der Prägung und Sozialisierung im Rudelverband Hund - Mensch hervorgehoben. Wollen wir nun einen angenehmen Freizeitpartner erziehen oder wie man das Einordnen im Rudelverband Mensch - Hund auch nennen mag, dann gilt es eine Reihe von eigentlich ganz logischen Maßnahmen zu beachten. Es sei aber vorweg genommen,

Ein Artgenosse und Spielzeug erleichtern die Eingewöhnung im neuen Zuhause.
Foto: M. Rohmann.

dass es an dieser Stelle um keine generellen Erziehungs- und Ausbildungsratschläge gehen kann. Wir können nur den aus eigenen Erfahrungen gewonnenen erforderlichen liebevollen Weg der Ausprägung des rassespezifischen sensiblen Wesens der Deutschen Dogge in einigen Stadien ihrer Entwicklung darstellen.

Obwohl schon darauf hingewiesen erscheint eine Wiederholung der Erkenntnis sinnvoll, dass für die Deutsche Dogge, wie für jeden anderen Hund auch, die Zeit des größten Lernvermögens die ersten vier Lebensmonate sind. Gehen wir davon aus, dass der Züchter Ihnen einen gut geprägten Welpen im Alter von acht bis neun Wochen übergibt, dann stehen Ihnen noch ca. zwei Monate zur Nutzung dieser intensiven Lernphase zur Verfügung.

Aber gerade zum Zeitpunkt des Wechsels vom Züchter zum neuen Besitzer erfährt der Welpe in seiner Entwicklung nicht selten einen »Knick« bzw. Rückschlag. Ursache ist im Wesentlichen zwar gut gemeintes, aber falsches vermenschlichendes Verhalten der neuen Familienmitglieder, welches die Fortführung der Sozialisierung hindert, verzögert oder in falsche Bahnen lenkt. Im nachfolgenden Unterkapitel wollen wir die Beschreibung der Prägungserfordernisse zum Zeitpunkt des Welpen im neuen Zuhause fortsetzen und in diesem wichtigen Lebensabschnitt der jungen Dogge mit der Erziehung in der Familie beginnen.

ERZIEHUNG - AUSBILDUNG - AUSSTELLUNGEN - IN DER FAMILIE

Erziehung in der Familie

Das Allerwichtigste sind die ersten Veränderungen, die der Welpe in seiner neuen Umgebung erleben muss. Gehen wir davon aus, der Doggenwelpe kommt aus einem Erlebnisgarten mit freiem Zugang zur Wohnung bzw. zu einem wettergeschützten Welpenaufzuchthaus und Sie können diese artgerechte Haltung fortsetzen, dann sind erste positive Voraussetzungen zur Eingewöhnung geschaffen. Die Vorteile der Umsetzung in ein vorhandenes Rudel oder als Zweithund wurden schon angesprochen.

Handelt es sich um einen Welpen, der als Einzeltier aufgezogen werden soll, dann erleichtert man ihm die Trennung von seiner Meute, indem man eine Decke oder Ähnliches in seine Unterkunft gibt, die ein bis zwei Tage im Wurflager beim Züchter gelegen hat. Er wird den Geruch sofort wahrnehmen und sich schneller eingewöhnen.

Jetzt steht das Problem der Erziehung zur Stubenreinheit an. Hat der Welpe, wie gewohnt, freien Zugang nach draußen, dann bedarf es in der Regel nur der Zuweisung einer Stelle zum Lösen im Garten. Allerdings wird auch während des Aufenthaltes in der Wohnung der Zwang zum Urinieren und Kot absetzen auftreten, besonders nach dem Füttern und nach dem Schlafen. In diesem Falle müssen Sie die junge Dogge sofort ins Freie an die vorgesehene Stelle bringen. Dabei kann man ein Kennwort einüben und nach dem Abschluss des Lösens eine kleine Futterkrokette oder Ähnliches verabreichen. Die junge Dogge wird dann recht bald ihr Bedürfnis anzeigen.

Von großer Bedeutung erscheint der Hinweis: Lassen Sie ihre junge Dogge in den ersten 24 Stunden auf keinen Fall allein! Bleiben sie unbedingt auch am ersten Abend bei ihr, ob im Hundehaus, Wohn-, Arbeits- oder Schlafzimmer. Dieser Kontakt ist äußerst wichtig und völlig normal. Es gibt keinerlei Begründung, weshalb der Welpe nach diesem tief greifenden Einschnitt in sein bisheriges Leben nun noch abgetrennt vom Menschen untergebracht werden muss. Oft sind psychische Störungen die Folge, wenn gleichzeitig mit dem Besitzerwechsel der menschliche und hundliche Kontakt vorübergehend abgebrochen wird.

Junghunde unter dem Rudel »v. Harlekin«. Foto: W. Fuchs.

Besonders wichtig ist weiterhin, dass die junge Dogge gleich am ersten Tag in eine ruhige Atmosphäre kommt. Keine unnötige Belastung durch neugierige Besucher und energiegeladene Kinder, die schon lange auf die Ankunft gewartet haben. Das würde einer schnellen und harmonischen Eingewöhnung nicht zum Vorteil gereichen. Danach wird es allerdings bald Aufgabe aller Familienmitglieder sein, dass sie mit zur Rudelbildung beitragen, indem sie den Welpen sachkundig integrieren.

Auch der vom Züchter aufgebaute Futterplan muss hinsichtlich Futterart, Futtermenge und Futterfrequenz voll eingehalten werden, um körperlichen Entwicklungsstörungen vorzubeugen. Zwischenmahlzeiten oder Leckerbissen führen bei der Deutschen Dogge besonders schnell zu wählerischer Futteraufnahme und zu Schlechtfressern.

Bereits im Alter von ca. 12 Wochen ist der Zeitpunkt gekommen, verstärkt andere Tiere in das Leben der jungen Dogge einzubeziehen, mit Apportierspielen zu beginnen und ihre Leinenführigkeit zu entwickeln. Nun wird es Zeit für die ersten angemessenen Spaziergänge. Zur schrittweisen Gewöhnung an den Straßenverkehr sollte man anfangs verkehrsreiche Straßen meiden. Es empfiehlt sich, auch oft mit dem Auto in freies Gelände zu fahren, dadurch fördert man gleichzeitig die Freude der Dogge am Autofahren. Allerdings niemals nach der Mahlzeit, das könnte Erbrechen und somit Angst vor dem Auto fahren auslösen.

Übermütige Welpen im Spiel mit ihrem Züchter.
Foto: M. Fuchs.

In diesem Alter muss die junge Dogge auch mit immer mehr Artgenossen Bekanntschaft machen. Dazu eignet sich erfahrungsgemäß die Umgebung einer Welpenspielgruppe.

Welpenspielgruppen werden in jeder gut organisierten Ortsgruppe (OG) des DDC regelmäßig zusammengestellt. Besonders fortgeschrittene OGs organisieren regelrechte Welpenkurse, um die neuen Erkenntnisse der Früherziehung mit der Stabilisierung des Sozialverhaltens gegenüber Artgenossen zu verbinden. Bewährt haben sich Aufteilungen der Gruppen nach Alter und Größe. Für jüngere Tiere ist die erste Teilnahme noch besonders aufregend und veranlasst sie zur Vorsicht im Umgang mit anderen Hunden und Menschen. Doch sehr schnell werden auch für sie diese Treffen immer unterhaltsamer und fröhlicher, dabei balgt sich auch einmal ein Doggenbesitzer mit seinem Welpen auf dem Gelände.

Die Teilnahme an Welpenkursen erfüllt auch den Zweck, dem noch unerfahrenen Doggenbesitzer elementare Erkenntnisse in der Hundeerziehung zu vermitteln und ebenso dem erfahrenen Doggenhalter neue Erkenntnisse nahe zu bringen. Es liegt ausschließlich in der Hand des Hundebesitzers, mit welchem Erfolg er die Hinweise des Übungsleiters umsetzt und somit die Voraussetzungen für einen künftigen guten Freizeitpartner schafft.

Gut erzogen, ausgeglichen und zufrieden. Foto: M. Rawert.

DIE DEUTSCHE DOGGE ALS BEGLEITHUND

Der Umgang mit der jungen Dogge in der Familie und in der Welpenspielgruppe hat noch mehr oder weniger den Charakter von Prägung und Erziehung. Die sportliche Betätigung mit dem Ziel der Ablegung einer Begleithundeprüfung berechtigt schon eher von einer Ausbildung zu sprechen. Viele Doggenbesitzer lernten, besonders in den letzten Jahren, die Ausbildung ihrer Hunde zum Begleithund zu schätzen.

Dazu gibt es mehrere Gründe: Erstens ist die zielgerichtete Ausbildung zur Begleithunde - Prüfung (BH) eine sportliche Freizeitbeschäftigung; zweitens ist eine derartige Erziehung wichtig, um den gesellschaftlichen Anforderungen unserer Zeit gerecht zu werden. Weiterhin stellt die Deutsche Dogge mit einer bestandenen BH ihre Gehorsamsleistungen und ihr tadelloses Verhalten im Straßenverkehr unter Beweis. Auch auf verkehrsreichen Plätzen, bei Begegnungen mit anderen Artgenossen, Joggern, Fahrradfahrern und Kraftfahrzeugen zeigt die ausgebildete Dogge ein ruhiges Verhalten.

Die *Begleithundeprüfung (BH)* ist eine VDH-Prüfung, die einheitlich von Hunden aller Rassen und Größen absolviert werden kann. Die Prüfungsordnung sieht die Beherrschung der Aufgaben für Hundeführer und Hund in zwei Teilen vor:

Der *Teil A* fordert Unterordnungsübungen auf einem Übungsplatz oder freiem Gelände.
In *Teil B,* auch Verkehrsteil genannt, erfolgt die Verkehrssicherheitsprüfung des Hundes im öffentlichen Verkehrsraum.

Im Zusammenhang mit der gegenwärtigen Diskussion um so genannte »gefährliche Hunde« beweist eine als Begleithund ausgebildete Deutsche Dogge besonders, dass sie nicht zu dieser »Hunde-Kategorie« gehört. Einige Kommunen bringen für Hunde mit abgelegter BH-Prüfung bereits wieder mehr Verständnis auf und gewähren Steuernachlass. Manche Versicherungen reagieren sogar mit Rabattangeboten.

Eine weitere Form des Hundesportes, die sich in den vergangenen 10 Jahren immer mehr der Beliebtheit auch unter Doggenbesitzern erfreut, ist die *Agility.*

Agility heißt übersetzt »Behändigkeit« (Behändigkeit auf sechs Beinen) und lässt mit allen Rassen Gehorsam und sportlichen Ehrgeiz unter Beweis stellen. Die zur Durchführung der Sportart vorgeschriebenen Geräte im Parcours sind allerdings mehr auf kleinere und mittlere Rassengrößen ausgerichtet. Die Deutsche Dogge kann diese Leistungsanforderungen mit Leichtigkeit erlernen, aber ihre Körpergröße setzt dem allerdings an einigen Gerätschaften Grenzen.

LEISTUNGSPRÜFUNGEN mit der DEUTSCHEN DOGGE

Seit 1974 wurden dankenswerterweise vom Ausschuss für Erziehung, Ausbildung und Sport (AEAS) des DDC eigene Prüfungsordnungen mit verschiedenen Prüfungsdisziplinen erarbeitet, und sie finden seit dieser Zeit mit steigender Tendenz Beliebtheit im Freizeitsport. Dieses Ausbildungsprogramm und die anzustrebenden Prüfungen tragen den speziellen Eigenschaften der Deutschen Doggen, besonders hinsichtlich ihrer Mentalität und Körpergröße, Rechnung.

Es gilt der Grundsatz: Deutsche Doggen sind sensibel, sie mögen keinen harten Ausbildungsstil. Einfühlsam motiviert erbringen sie hingegen hohe Leistungen.

Begleithundeprüfung.

Foto: C. Brunner.

Die umfangreichsten Ausbildungsmöglichkeiten, die der DDC seinen Mitgliedern im Rahmen ihrer Ortsgruppen (OG) bietet, entsprechen nicht nur den Eigenschaften der Rasse, sondern auch den Bedürfnissen der Doggenbesitzer nach sinnvoller Freizeitbeschäftigung und als Ausgleich vom Berufsstress. Nach meiner Meinung steht diesem Leistungssport gegenüber dem noch zu beschreibenden Ausstellungswesen eine viel größere Zukunft bevor. Das lässt sich nicht nur durch den positiven Einfluss auf Gesundheit bei Mensch und Tier begründen, sondern wird in einer Zeit zunehmender, geradezu hysterischer Hundefeindlichkeit das Bild der Deutschen Dogge in der Öffentlichkeit und das Interesse an ihr deutlich fördern. Ein derartiges breit gefächertes, auf Gehorsam, Fährtenarbeit, Gruppenarbeit u. a. m., aber konsequent ohne Schutzdienst, ausgerichtetes Ausbildungsprogramm wird den gesellschaftlichen Anforderungen der Gegenwart voll inhaltlich gerecht.

Ausbildung unter besonderen Bedingungen, OG Jena.
Foto: Dr. F. Krautwurst.

Unterordnungsübungen, OG Jena 2000. Foto: I. Krautwurst.

Im Rahmen der Leistungsprüfung des DDC kommen fünf verschiedene Prüfungen in mehreren Disziplinen zur Anwendung, deren umfangreicher Inhalt bzw. Anforderungen an dieser Stelle nicht beschrieben werden kann. Der AEAS des DDC steht allen Interessierten ständig mit Rat und Tat, bis hin zu Aus- und Weiterbildungskursen zur Seite. Von hier erhalten Sie auch die Ausführungsbestimmungen zu den Prüfungsordnungen. Im Einzelnen sind dies:

a) Erstprüfung für Deutsche Doggen (EP)
In einer Übungsfolge soll der Halter des Hundes hier Eignungsgrundlagen für weitere Ausbildung erbringen. Die EB besteht aus relativ leichten Unterordnungen, die jedes Team bestehen kann.
b) Unterordnungsprüfung (UP) in drei Leistungsstufen: UP1, UP2, UP3. Die Anforderungen dieser Prüfungen steigern sich, so dass schließlich die UP3 am schwierigsten zu absolvieren ist.
c) Fährtenprüfung (FP) in den Leistungsstufen FP1, FP2, FP3 und Fährtenhund- Prüfung (FH). Auch in der Fährtenprüfung ist eine ständige Leistungssteigerung vorgesehen. Diese bezieht sich auf die Länge der auszuarbeitenden Fährte, die Anzahl gelegter Winkel und Gegenstände, die Zeitdauer zwischen dem Fährtenlegen und Beginn der Sucharbeit. Die Fährtenprüfungen im DDC unterscheiden sich nicht wesentlich von den üblichen Fährtenprüfungen anderer Rassen.
d) Gruppenwettstreit (GW) ist eine jährlich stattfindende Veranstaltung des DDC auf der Grundlage obiger Prüfungsdisziplinen.
e) Begleithundeprüfung (BH) Durchführungsbestimmungen siehe oben.

Neben den vielseitigen gemeinsamen Freizeitaktivitäten, die der Ausbildung des Hundes und so mit der Partnerschaft Hund - Mensch zu gute kommen, steht gegenwärtig die Teilnahme an Ausstellungen ohne Zweifel an erster Stelle.

Frau Brunner, Ausbildungsleiterin der OG Jena, legt mit ihrer Hündin »vom Rieseneck« eine Unterordnungsprüfung (UP) ab.
Foto: A. Brunner.

Andreas Brunner (OG Jena) mit seiner Deutschen Dogge am Beginn der Fährtenhundeprüfung (FH). Foto: C. Brunner.

AUSSTELLUNGEN

Ausstellungen sind für jeden verantwortungsbewussten Züchter wichtige, unerlässliche Veranstaltungen. Sie sollten für ihn der Prüfstand sein, ob er mit seiner Zucht dazu beigetragen hat, die Rasse auf dem Niveau zu halten oder nach Möglichkeit in der Qualität zu verbessern. Ausstellungen bieten auch günstige Gelegenheiten zum Erfahrungsaustausch, Treffen mit Freunden und Bekannten, die ihr Leben der Deutschen Dogge verschrieben haben. So besteht für viele Doggenbesitzer das größte Freizeitvergnügen darin, sich mit ihren Hunden an Ausstellungen zu beteiligen. Nicht wenige Doggenfreunde treffen sich fast jedes Wochenende an einem anderen Ort in Deutschland oder im benachbarten Ausland und versuchen, mit ihren Hunden Anwartschaften auf Championate oder auch Siegertitel zu erlangen.

An dieser Stelle scheint der Hinweis angebracht, dass Aussteller wie auch Richter dazu beitragen müssen, dass Ausstellungen, die eigentlich Zuchtschauen sind, nicht immer mehr zu Schönheitskonkurrenzen degradiert werden. Ein nicht übersehbarer, mitunter schon hysterischer Drang nach Erstplatzierung und Championatsanwartschaften lässt die mit »sehr gut« bewerteten Tiere oftmals für die Zucht schon »minderwertig« erscheinen, obwohl sie in vieler Hinsicht die besseren Vererber sein könnten. Championate und Titel jeglicher Art sind nicht vererbbar. Wer dieses Minimum an genetischen Erkenntnissen nicht anerkennen kann oder will und durch ständige Champion- und Siegerverpaarungen den Genpool der Rasse einengt, ist kein Züchter, sondern ein auf Prestige und Kommerz bedachter Vermehrer. Er trägt direkt zur Erhöhung der Erbdefekte in der Population bei und leistet indirekt einen Beitrag, dass die so wichtigen Ausstellungen zu einem Fluch für die Zucht werden.

Jeder vernünftige Doggenliebhaber geht davon aus, dass ohne Zuchtschauen eine auf den Rassestandard ausgerichtete Zucht gar nicht möglich ist und wird die jeweilig erhaltene Bewertung seiner Dogge richtig einschätzen. Ein guter Richter nimmt die Beurteilung immer mit Blick auf Übereinstimmung mit dem Standard vor.

Die Durchführung aller Zuchtschauen ist an die Zuchtschauordnung des VDH gebunden. Danach wird unterschieden zwischen Internationalen Zuchtschauen, Allgemeinen Zuchtschauen und Spezial-Zuchtschauen. Die Erstgenannten finden unter der Schirmherrschaft des VDH statt. Auf internationalen Ausstellungen sind die Anwartschaften (CACIB = Certifikat d`Aptitude au Champion International de Beauté) für den Titel »Internationaler Schönheitschampion« ausgeschrieben. Dazu benötigen Sie für Ihre Dogge in drei verschiedenen Ländern unter ebenfalls drei verschiedenen Richtern vier CACIB-Anwartschaften. Das Vergabe-Mindestalter für die Dogge ist 15 Monate. Zwischen der ersten und letzten Auszeichnung muss ein Mindestzeitraum von einem Jahr liegen.

Die Freunde der Deutschen Dogge bevorzugen Spezialzuchtschauen ihrer Rasse. Hier fühlen sie sich unter Kennern der Szene. Diese fast ausschließlich im Freien durchgeführten Veranstaltungen werden von Orts- und Landesgruppen nach der Zuchtschauordnung organisiert. Ausgeschrieben wird hier die Anwartschaft auf das nationale Championat (CAC = Certificat d'Aptitude au Championat). Die ausgestellten Tiere werden zum Richten nach Altersklassen und in Farbschlägen wie folgt gegliedert:

Jüngstenklasse 6 bis 9 Monate

Jugendklasse 9 bis 18 Monate

Offene Klasse ab 15 Monate möglich

Siegerklasse und Ehrenklasse (für Titelinhaber)

Altersklasse ab 8 Jahre

Auch der Nachwuchs von unter sechs Monaten wird mitunter auf diesen Schauen vorgestellt. Aus Gründen der noch nicht genügenden körperlichen Entwicklung und auch einer höheren Infektionsgefahr in diesem Alter ist das Vorstellen umstritten.

Anlässlich der Spezialzuchtschauen können folgende Formwertnoten vergeben werden:
Vorzüglich (V); Sehr gut (Sg); Gut (g); Genügend (Ggd).
Die höchste Bewertung in der Jüngsten- und Jugendklasse ist Sg.

An Titeln wird jährlich einmal der »Club-Sieger (CS)« und der »Club-Jugendsieger (CJS)« vergeben. Für das bereits genannte nationale Championat werden jeweils in der Offenen Klasse vier Anwartschaften (CAC) in drei verschiedenen Bundesländern unter ebenfalls drei verschiedenen Zuchtrichtern benötigt. Zwischen der ersten und letzten Anwartschaft müssen mindestens 366 Tage liegen.

Eine wesentliche Anforderung an Vorführer und Dogge ist die *Präsentation* im Ausstellungsring. Zur Erlangung eines objektiven Ausstellungsergebnisses muss der Hund alle seine anatomischen Anlagen dem Richter voll zeigen. Das trifft für Standmusterung und für ordnungsgemäßes Vorzeigen des Gebisses ebenso zu wie für die Vorführung zur Bewertung des Bewegungsablaufs.

Platzierung der Siegerklasse blaue Rüden zur EUDDC-Schau 2000 in Aarau (Schweiz). Foto: I. Krautwurst.

Ausscheid um den Schweizer Clubsieger 2000 in Aarau. Links: Champion Arvid-Arne »v. Blauen See«. Züchter u. Besitzer: K. Gubser (Schweiz). Rechts: Ken Wille »vom Panoramaweg« (wurde hier Schw. Clubsieger). Züchter: Fam. Vogel, Bad Salzungen, Besitzer: C. u. F. Willenius, Herges, Hallenbach. Foto: I. Krautwurst.

Ringpräsentation zu einer VDH/DDC-Schau. Gordon Blue v. d. Gosch. WT: 06.11.1996.

Deutscher und VDH-Champion. Züchter: R. u. S. Zeidler. Besitzer: F. Hauptmann.

Foto: I. Krautwurst.

Drei CAC-Anwärter (gestromt, gelb, blau) im »Stechen« um die schönste Hündin zu einer VDH/DDC-Schau.

Foto: I. Krautwurst.

Diese Anforderungen im Ausstellungsring sollten Sie Ihrer Dogge beibringen, bevor Sie zur Ausstellung melden. Gelegenheit und Anleitung dazu finden Sie in jeder gut organisierten Ortsgruppe, hier wird so genanntes Ausstellungstraining durchgeführt. Wenn Sie sich zusätzlich mit den Augen bei »alten Hasen« noch Einiges an richtiger Ringpräsentation »stehlen« und dies zu Hause üben, werden Sie feststellen, dass richtiges Vorführen im Ring Ihnen wie Ihrem Hund viel Freude bereitet.

BESCHÄFTIGUNG

Bevor die Deutsche Dogge in der Öffentlichkeit, sei es hinsichtlich Leistungssport oder Ausstellung, erfolgreich ist, fordert sie einen erheblichen Teil der Freizeit ihres Besitzers. Sie wird auch nur dann ein guter Freizeitpartner bleiben, wenn sie täglich weiter trainiert wird. Das soll nicht bedeuten, dass nun Tag für Tag die gesamten Disziplinen der Prüfungsordnung oder ein Ausstellungs-Ringtraining absolviert werden müssen. Ganz im Gegenteil, bei der Befriedigung der täglichen Bewegungserfordernisse kann man sich sehr vielseitig mit der Dogge beschäftigen und die erlernten Leistungen weiter festigen. Auch der nicht vereinsmäßig organisierte oder nicht am Hundesport interessierte Doggenhalter wird die täglich erforderliche Beschäftigung mit seinem Tier zu einer harmonischen Partnerschaft entwickeln. In jedem Fall sind Spazierengehen und Wandern, Rad fahren und Schwimmen mit der Deutschen Dogge abwechslungsreiche Beschäftigungen, die immer mit Gehorsamstraining verbunden werden können.

Spazieren gehen und Wandern. Das Lauftier Deutsche Dogge benötigt, sobald ihr Alter dies zulässt, täglich viel Bewegung. Der Spaziergang wird für sie sehr bald zum Höhepunkt des Tages. Trotz fortschreitender Einschränkung der Freiräume für Hunde sollte die Dogge, dort wo es noch möglich ist, ohne Leine frei laufen, damit sie einerseits ihren hoch entwickelten Geruchssinn folgend nach Belieben schnüffeln kann und sich zum anderen ihrer Größe entsprechend die erforderliche Bewegung verschafft.

Aufbruch zur Herbstwanderung einiger Mitglieder der OG Jena. Foto: A. Brunner.

Wer mal nicht spazieren will - der fährt!

Foto: A. Brunner.

Baron v. Schloss Osterstein in guter Kondition.

Foto: Altermann.

Auch der erwachsenen Dogge macht das Spielen viel Freude. Foto: S. Cragg.

Allgemein ist die Dogge als Einzeltier auf den Spaziergängen relativ ruhig. Aus Freude über das Ableinen wird sie einige Runden um ihren Menschen drehen und den Rest des Spazierganges in seiner unmittelbaren Nähe verbleiben. Ganz anders verläuft der Spaziergang mit zwei Doggen. Es wird vorwiegend getobt, gegenseitig gejagt und gespielt. Dabei kann man erst richtig das natürliche Bewegungsbedürfnis der großen Tiere erkennen und ihre Schnelligkeit und Eleganz bewundern. Besitzer von nur einer Dogge verabreden sich deshalb des Öfteren mit anderen Hundebesitzern zu gemeinsamen Spaziergängen. Herausragende Erlebnisse sind immer wieder organisierte Wanderungen mit mehreren Hunden, wie sie von vielen OG des DDC angeboten werden.

Das Radfahren mit der Dogge kann in vielen Fällen die beste Möglichkeit darstellen, ihr die erforderliche Bewegung zu verschaffen. Unsere erwachsenen Doggen laufen täglich etwa fünf bis sechs Kilometer paarweise, auch zu dritt, angeleint wie frei, auf Feld- und Waldwegen am Fahrrad. Dabei sind absoluter Gehorsam und ein auf Alter und Gesundheitszustand des Tieres eingestelltes Tempo von vorrangiger Bedeutung.

Bereits im Alter von fünf bis sechs Monaten machen wir unsere Doggen mit dem Fahrrad vertraut, indem sie frei nur einige hundert Meter neben dem Fahrrad laufen dürfen (keine Überforderung). Dann erfolgt schrittweise die Gewöhnung der bereits leinenführigen Jungdogge *rechts* am Rad. Auf keinen Fall darf man dabei die Leine um die Hand schlingen, das könnte zu Unfällen mit gleichzeitigen Rückschlägen in der Gewöhnung des Hundes führen. Grundsätzlich und nicht nur während der Gewöhnungszeit gilt, dass man die Leine lose in der Hand behält, um sie in einer Gefahrensituation wie Erschrecken der Dogge oder unerwartetes Dazwischenlaufen eines anderen Hundes u. Ä., sofort loslassen zu können.

Auf Grund ihrer Körperkraft ist es unmöglich, die Dogge am Fahrrad fest zu halten, es zählt nur der bereits genannte unbedingte Gehorsam. Deshalb sind die im Handel angebotenen Halterungen für die Dogge wenig geeignet und auch nicht erforderlich. Günstig erweist sich der Gewöhnungsprozess an das Fahrrad, wenn der Junghund dabei neben einer mit dem Fahrrad vertrauten älteren Dogge laufen kann.

Die täglichen Touren werden systematisch unter genauer Beobachtung mit fortschreitender körperlicher Entwicklung ausgedehnt. Im Alter von 12 bis 14 Monaten laufen die Junghunde dann das Tagespensum der Erwachsenen mit. In diesem Alter kann regelmäßiges Training am Rad die Ausformung der Körperproportionen und die Bemuskelung noch positiv beeinflussen.

Das Tempo muss so ausgerichtet werden, dass die Dogge in möglichst gleichmäßigem Trab läuft. Niemals darf sie ins Galoppieren übergehen, dies führt zur Unfallgefahr, da der Fahrer die Beherrschung über Rad und Hund verlieren kann. Andererseits entspricht die Dauerbelastung in einer Gangart nicht der natürlichen Bewegung des Hundes, deshalb wählen wir Fahrtrouten, wobei die Doggen streckenweise frei laufen und ihr Tempo selbst bestimmen können.

Durch Wald und Flur. Foto: I. Krautwurst.

Bei gutem Gehorsam sind auch Radtouren mit mehreren Personen möglich. Foto: I. Krautwurst.

Ein hervorragendes Training der gesamten Muskulatur der Dogge ist das *Schwimmen*. Leider werden die jungen Doggen oft nicht rechtzeitig mit dem nassen Element vertraut gemacht. Wer seinen Junghund bei entsprechender Außen- und Wassertemperatur an natürlichen Seen mit Geduld ins Wasser bringt, wird einen begeisterten Schwimmer erziehen. Eine gute Anfangsmethode ist, wenn man selbst mit ins Wasser geht. Dabei beginnt man im flachen Gewässer Schritt für Schritt, bis der Hund in entsprechender Wassertiefe selbst Paddelbewegungen mit den Vorderbeinen durchführt. Durch das aufspritzende Wasser vor seinem Gesicht wird er meist unruhig, das ist der Moment, wo der Hundehalter Ruhe bewahren muss und ihn vorsichtig ins flache Wasser zurück leiten sollte, um nach einiger Zeit von Neuem zu beginnen. Auch eine weitere Bezugsperson oder ein schwimmfreudiger Hund hat sich bei den Lernübungen bewährt.

Auf diese Weise lernt die junge Dogge das Schwimmen sehr schnell und wird freudig das nasse Element aufsuchen. Es sind auch Einzelfälle bekannt, wonach das Schwimmen wie angeboren erscheint und die Dogge ohne Probleme ins Wasser ging und sofort davon schwamm.

Spielend finden die jungen Doggen Vertrauen zum nassen Element.

Fotos: Brunner.

Gemeinsames Schwimmen von Mensch und Dogge erfordert ebenfalls Gehorsam, der Hund schwimmt nämlich schneller als der Mensch und möchte auch im Wasser immer in der Nähe seiner Menschen sein und dabei möglichst noch Körperkontakt aufnehmen, was in tiefen Gewässern nicht immer ungefährlich ist. Auch wenn erwachsene Doggen das Schwimmen lernen, versuchen sie nicht selten auf dem Körper des im Wasser begleitenden Menschen Schutz zu finden, auch das kann zu gefährlichen Situationen oder zumindestens schmerzhaften Kratzspuren auf dem Körper führen.

Die schwimmende Dogge kann man in bestimmte Richtungen leiten und entgegen anders lautenden Vorurteilen zum Apportieren im Wasser ausbilden. Die Zeitdauer der Übungen im Wasser sollte man nicht allzu sehr ausdehnen, da Schwimmen eine starke Belastung für den Kreislauf darstellt.

Damit wollen wir die Hinweise zu den Beschäftigungsmöglichkeiten mit dem Freizeitpartner Deutsche Dogge abschließen und davon ausgehen, dass dieses Vergnügen nur dann seine Vollendung findet, wenn die Dogge fachkundig in die Familie integriert wurde.

Eine weiße Dogge als guter Schwimmer.
Foto: L. Rechtacek.

Kapitel 9

LEBENSERWARTUNG UND KRANKHEITEN

Die **Lebenserwartung,** das Alter, welches der Hund von der Geburt bis zum Tod erreicht, ist nicht direkt verbunden mit auftretenden Krankheiten. Es steht aber fest, am Alter allein stirbt wohl kaum jemand und auch keine Deutsche Dogge. Dem Alterungsprozess setzt meist eine Krankheit das Ende. Insofern scheint es gerechtfertigt, Lebenserwartung und Krankheitsprophylaxe nicht getrennt zu betrachten.

Als unumstritten gilt, dass es möglich ist, durch optimale art- und rassegerechte Haltung, bei vorausgegangener, auf Erbgesundheit ausgerichteter Zucht, den Beginn der natürlichen Alterung nach hinten zu verlegen und somit die Lebenserwartung des Tieres zu verlängern.

Streng genommen ist Alterung ein lebenslanger Prozess, der bereits mit der Embryonalentwicklung beginnt. Wir müssen deshalb in diesen Gedankengang die genetisch fundierte Paarungspartnerauswahl einbeziehen, um möglichst erbgesunde Nachkommen zu züchten.

Es stellt sich die Frage: Wann und wie beginnt das eigentliche Altern und weshalb haben große Rassen und Riesenrassen eine niedrigere Lebenserwartung als mittlere und kleinere Artgenossen?

Ein genauer Zeitpunkt für das eigentliche Altern unserer Hunde lässt sich natürlich nicht festlegen, so gibt es nicht nur Unterschiede in Abhängigkeit von der Körpergröße, sondern auch innerhalb gleicher Kategorien. Erste Anzeichen des Alterungsprozesses werden in der Regel gar nicht wahrgenommen. Es ist der Zeitpunkt, wenn die Dogge ruhiger und ausgeglichener erscheint und mit diesem Verhalten ihrem Besitzer noch sympathischer wird. Erste graue Haare und beginnende Zahnabnutzung sind dann schon Anzeichen, dass das Altern eingetreten ist und weiter fortschreitet. Alterstypische Krankheiten wie Nierenentzündung, Herz-Kreislauferkrankungen, auch Tumore bedürfen besonderer Aufmerksamkeit und Behandlung.

Angaben zu beginnenden Alterserscheinungen der Deutschen Dogge im Mittel ihrer Population findet man in den Zuchtunterlagen ebenso wenig wie solche zu ihrer durchschnittlichen Lebenserwartung. Nach eigenen Recherchen und Erfahrungen könnte man den Beginn des sichtbaren Alterungsprozess mit vier Jahren und die gegenwärtige Lebenserwartung auf durchschnittlich maximal sieben Jahre einschätzen. Natürlich wirken auch manche Doggen mit sieben Jahren noch fit und gesund, andere wiederum erwecken schon mit vier Jahren den Eindruck eines alten Hundes. Auch zwischen Zuchten und verschiedenen Typisierungen zeichnen sich bezüglich Alterserscheinung und Lebenserwartung Unterschiede ab. Obwohl statistisch nicht gesichert behaupten namhafte Züchter, dass in der ehemaligen »SZG-Deutsche Doggen« diese leichteren, robusteren, mehr der Natur ausgesetzten Doggen eine höhere Lebenserwartung hatten als die gegenwärtigen. Aus eigener Zucht in dieser Zeit entstanden ganze Würfe, die ein Lebensalter um die zehn Jahre erreichten. Das gegenwärtig nicht zu bestreitende, relativ niedrige Lebensalter unserer Doggen sollte den Züchtern doch einiges zu denken geben. Sicher hat dieses Phänomen seine Wurzeln in einem Faktorenkomplex, der über die ganze Zeit der Domestikation vom Wolf zum Haushund reicht. Der dadurch entstandenen enormen morphologischen, anatomischen, physiologischen und zum Teil auch psychischen Variabilität muss aber im Sinne der Gesunderhaltung Rechnung getragen werden.

In den Anmerkungen zum Rassestandard wurden schon Fakten aufgezeigt, die nach internationalen Übereinstimmungen der Genetiker und Tierärzte bei Großwüchsigkeit zu Kurzlebigkeit führen. Eine obere Begrenzung der Körpergröße wäre demnach dringend erforderlich. Die ebenfalls schon beschriebenen Zuchtreglemente sind nicht besser und nicht schlechter als die für die meisten Rassehunde. Populationsgenetische Maßnahmen zur Gesunderhaltung haben de facto bis heute in diese Richtlinien kaum Eingang gefunden. Reine, meist übertriebene Einzeltierselektionen können das Problem nicht lösen, sie führen zwangsläufig zur Genpooleinengung mit all ihren gesundheitlichen negativen Auswirkungen.

Es erhebt sich die Frage, wie lange im Sinne der Rassegesundheit noch zugelassen wird, dass die in drei verhältnismäßig kleine Farb-Populationen geteilte Zucht noch durch Zuchtausschluss gesunder Tiere mit bagatellisierten Abweichungen vom »Wunsch-Standard« weiter eingeengt wird. Das betrifft den gesamten Komplex der Farbe und Zeichnung des Felles einschließlich des Unvermögens, mit rezessiven Farbgenen zuchtlenkend zwischen den Farbvarianten den Genpool zu erweitern, geringfügige Stellungsabweichung eines Zahnes, geringfügige Abweichung der Rutenlänge u. a. mehr. Außer diesem züchterischen Nachholbedarf steht noch die kompromisslose Gewährleistung der rassespezifischen Haltungs- und Ernährungserfordernisse.

Kontraste! Die 16-jährige Marika mit Champion York v. Borntal. Foto: I. Krautwurst.

Spielen zu zweit fördert das Wohlbefinden - Doggen v. Borntal. Foto: I. Krautwurst.

Zwei schwarze Rassevertreter, die rechte Hündin zeigt erste Alterserscheinungen.

Foto: Rawert.

Aus meiner langjährigen Mitgliedschaft im Hundewesen und nach beruflicher Erfahrung weiß ich, dass z. B. speziell über Bewegungserfordernisse dieser großen Tiere sehr viel gesprochen und teilweise sehr wenig realisiert wird. Noch tragischer sieht diese Angelegenheit im Bezug auf Ernährungsbesonderheiten einschließlich Fütterungshygiene aus.

Alle diesbezüglichen Anforderungen wurden in vorstehenden Kapiteln beschrieben, ihre Beachtung würde ohne Zweifel der Rasse dienlich sein. Es erscheint deshalb auch sinnvoller, weniger von rassespezifischen Krankheiten, sondern von rassespezifischen Erfordernissen zu sprechen.

KRANKHEITEN

Im Zusammenhang mit den Darlegungen zur Lebenserwartung waren wir davon ausgegangen, dass die Deutsche Dogge im eigentlichen Sinne keine rassespezifischen Krankheiten aufweist. Ihre imposante Erscheinung, die Anatomie und ihr Extereur führen für sie im Vergleich zu allen anderen Rassen in keiner Weise zu einer Einschränkung der Lebensqualität. Allerdings bedarf es der Beachtung einer Reihe züchterischer und haltungsmäßiger Erfordernisse, um ihren Gesundheitsstatus nicht nur zu erhalten, sondern auch zu verbessern.

Dieses Unterkapitel »Krankheiten« befasst sich mit sechs, nach Ansicht des Verfassers relevanten Krankheiten. Sie sollten vorrangig mit zuchthygienischen Maßnahmen in ihrer Verbreitung eingeschränkt werden. Die Möglichkeit dazu ergibt sich aus ihrer genetischen Disposition als vorwiegende Erb- bzw. Erbumweltkrankheiten.

Dabei stehen *Erbfehler* und *Zuchtfehler* bisweilen im Zusammenhang. So kann z. B. die phänotypische Manifestation eines Erbfehlers erst dann erfolgen, wenn Defektgene des betreffenden Merkmals zusammentreffen. Diese Wahrscheinlichkeit ist bei hohem Inzuchtniveau in der Population stärker gegeben. Zuchtfehler im Sinne der Erweiterung des Krankheitsstatus der Rasse haben aber noch einen weiteren, viel gefährlicheren Aspekt und zwar, wenn Forderungen im Rassestandard die Zucht auf gesundheitswidrige Merkmale und Eigenschaften auslegen, nur um phänotypischen, rein subjektiven Wünschen Rechnung zu tragen. Oder wenn nach kosmetischen Eingriffen zur Korrektur von Erbkrankheiten die betreffenden Tiere nicht aus der Zucht genommen werden. Schließlich ist jedes Festhalten an bestehenden Zuchtreglementen, die von der Wissenschaft als gesundheitsbeeinträchtigend erkannt wurden, schon kein Zuchtfehler mehr, sondern eine Zuchtschädigung.

EKTROPIUM - ENTROPIUM

Das *Ektropium* ist durch eine Anomalie der Lidstellung in Form einer Auswärtsdrehung des freien Lidrandes, vorwiegend des unteren, gekennzeichnet. Die Krankheit äußert sich durch erhöhten Tränenfluss und Entzündung der Augenbindehaut. Bei Deutschen Doggen liegt spezielle Disposition im Gefolge extrem ausgeprägter Belefzung vor, da hier das meist vorhandene offene Auge die Gewähr für ständigen Reiz durch Staubpartikel und andere Schmutzteilchen bietet. Je nach Schweregrad erfolgt die Behandlung medikamentös oder operativ.

Beim *Entropium* zeigt sich die Anomalie der Lidstellung in Form einer Einwärtsdrehung des freien Lidrandes. Dies führt zur Verengung der Lidspalte mit sekundärer Reizung und Entzündung von Hornhaut und Bindehaut des Auges. Das Krankheitsbild ist durch starken Tränenfluss unter offensichtlicher Beeinflussung des Wohlbefindens des Tieres gekennzeichnet und bedarf einer operativen Behandlung.

Ektropium wie Entropium werden als Augen - Roll-Lid bezeichnet. Roll-Lider unterliegen erblicher Disposition, wahrscheinlich sind diese Störungen nicht einfach mendelnd, sondern polygen determiniert. Zuchthygienische Bekämpfungsmaßnahmen werden unbedingt gefordert.

Im FCI-Standard Nr. 235/09.06.1999/D - Deutsche Doggen - werden beide Formen der Roll-Lider als schwere Fehler bezeichnet. Dennoch gelingt es erfahrenen Operateuren, die Augenlider so gut zu korrigieren, dass skrupellose Vermehrer diese merkmalbehafteten Doggen immer wieder zur Zuchtverwendung bringen. Demnach kann das offensichtlich seltene Auftreten von Entropium bei Deutschen Doggen doch nicht verabsolutiert werden.

MAGENERWEITERUNG und MAGENDREHUNG

Die Magenerweiterung, -aufgasung und -drehung stehen meist ursächlich im Zusammenhang. In jedem Fall ist die *akute Magenaufgasung mit anschließender Drehung* ein dramatischer Notfall. Der Hund wird unruhig und versucht den Mageninhalt zu erwürgen. Zunächst erscheint weißer, klebriger, zähflüssiger Schleim, der dann ausbleibt. Die Hunde zeigen Schmerzäußerungen, es tritt eine starke Kreislaufschwäche ein.

Der erweiterte aufgeblähte Magen geht relativ schnell in eine Drehung über, schnürt dadurch die Verbindung zur Speiseröhre ab, so dass eine Entlastung des Magens durch Erbrechen oder Aufstoßen nicht mehr möglich ist. Auch der Weiterfluss von Mageninhalt in den Dünndarm ist verhindert, weil dieser abgedreht oder vom geblähten Magen an die Körperwand gepresst ist. Bei diesen Vorgängen werden auch die Blutgefäße abgeschnürt, das Blut staut sich im Bauchraum. Der Kreislauf ist stark gestört, das Tier befindet sich jetzt in äußerster Lebensgefahr und sollte sich in diesem Zustand bereits auf dem Operationstisch beim Tierarzt befinden. Es ist daher immer günstig, bei zu dieser Krankheit disponierten Doggen ständig mit einem Tierarzt Kontakt zu halten.

Im Gegensatz zu früheren Annahmen weiß man heute, dass von dieser Krankheit Hunde aller Rassen und in jedem Alter befallen werden können. Nur die Befallsrate ist bei größeren Rassen wesentlich höher und hat mit zunehmendem Alter eine deutlich steigende Tendenz *(Hettling 1992).*

Nun erhebt sich die berechtigte Frage nach den Ursachen dieser Krankheit. Eine eindeutige Antwort kann dazu von der Wissenschaft zurzeit noch nicht gegeben werden. Im Allgemeinen geht man von einem Faktorenkomplex nach genetischer Determination, anatomischen Besonderheiten und Ernährungsgegebenheiten aus. Genetik und Anatomie stehen natürlich in direktem Zusammenhang, was auch die höhere Befallsrate bei großen Rassen verdeutlicht. Maßnahmen, wie man den anatomischen Gegebenheiten als krankheitsauslösendem Faktor begegnen kann, haben mich ein Leben lang beschäftigt. Wenn da die Rede von lockerer Aufhängung des Magens bei größeren Rassen als bei kleineren ist und dadurch der Magen schneller umschlagen soll, oder wenn bei zunehmender Herzschwäche im Alter in der Bauchhöhle vermehrte Flüssigkeitsansammlung auftritt, welche die Drehung des Magens fördert, erhebt sich die Frage, warum diese Gegebenheiten bei kleineren Tieren nicht ebenfalls vorhanden sein sollten.

In anderem Licht erscheinen die genetisch-anatomischen Zusammenhänge allerdings, wenn der Mensch in ständiger Selektion auf Riesenwachstum den dadurch entstandenen grundsätzlich anderen Anforderungen an den Organismus des Hundes nicht Rechnung trägt. Im Verlauf der Domestikation entstand bekanntlich die riesige Variabilität im äußeren Erscheinungsbild unserer Hunde. Die Physiologie und Anatomie der Verdauungsorgane weist diese enorme Variabilität aber nicht auf. Nach *Meyer* erreicht das Gewicht des Verdauungstraktes beim Hund 4 bis 6 % seiner Lebendmasse, dabei haben kleinere Rassen mit 6,2 % einen relativ größeren Verdauungstrakt als große mit nur 3,9 % ihrer Lebendmasse. Für das Gesamtvolumen des Magen-Darm-Kanals werden 2/3 für den Magen, 1/4 für Dünndarm und 1/7 für den Dickdarm angegeben. Weiter bleibt zu beachten, dass der Magen-Darm-Kanal beim Hund nur ca. die fünf bis sechsfache Körperlänge einnimmt, bei Alles- und Pflanzenfressern ist dies etwa das 20fache. Schon hieraus ergibt sich für große Rassen die Forderung auf Verabreichung von täglich mehreren Rationen in hoher Verdaulichkeit. Erst bei Nichtbeachten dieser Zusammenhänge und der gewohnheitsmäßigen Verabreichung einer einzigen großen ballastreichen Mahlzeit am Tage dehnt sich der Magen allmählich zu einem großen Organ aus und führt zur Schwächung bzw. Lockerung der Wandmuskulatur. Der so stark und langzeitig gefüllte Magen lockert natürlich nach und nach auch seine Aufhängung im Bauchraum. Täglich eine einzige Mahlzeit führt bei vielen Doggen zu gieriger Futteraufnahme, was beim Verschlingen großer Futterbestandteile noch zusätzlich zum Abschlucken von Luft in den Magen führen kann. Heftige Bewegungen des Hundes nach der Nahrungsaufnahme (ca. 2 Std.) sollten unterbleiben, sie können zur Gewebeschwäche der Magenaufhängung beitragen und schließlich ebenfalls eine Magendrehung auslösen. Unkenntnis vieler Hundehalter über diese domestikationsbedingten anatomischen Besonderheiten und deren Nichtbeachtung sind wesentliche Ursachen, dass große Hunde oft schon in jungen Jahren verenden müssen und dies zur so genannten kürzeren Lebenserwartung großer Rassen statistisch beiträgt.

Durch Unkenntnis und Nichtbeachten des relativ kleinen Verdauungstraktes der Dogge und der Dehnungsfähigkeit ihres Magens werden Dispositionen zu dieser gefürchteten Krankheit oft schon im Welpenalter geschaffen. Auf absolut schnelles Wachstum ausgerichtete Ernährung, Überangebot an Energie, keine Abstimmung der Nahrungsmenge und Futterfrequenz mit der gegenwärtigen Milchergiebigkeit der Mutterhündin führen neben vielen anderen Entwicklungsstörungen zu oben genannten Dispositionen.

Gut gemeint, aber vollkommen falsch ist weiterhin die Zufütterung übermäßiger Mengen an Kalzium. Die im Magen vorhandene Salzsäure und das durch sie aktivierte Pepsin führen zu einem sauren Milieu als Voraussetzung zur Eiweißverdauung. Der PH-Wert liegt noch unter PH2. Übermäßige Kalziumgaben führen nicht nur zur Absorptionsbehinderung anderer Mineralstoffe, sondern können auch durch Erhöhung des PH-Wertes im Magen zu Verdauungsstörungen führen, die Blähungen nicht ausschließen. Schließlich verzögert übermäßige Kalziumzufuhr die Magenentleerung in den Darm, was ebenfalls zur Vergrößerung des Magens und zur Dehnung führen kann.

Außer dieser Hauptkomponente der Umwelt - die Ernährungsmaßnahmen - spielen natürlich genetische Aspekte eine weitere unverkennbare Rolle. Die Wissenschaft weist mit Nachdruck auf die bereits genannte Forderung nach Begrenzung des Riesenwachstums. Riesenwachstum verändert das Totalgewicht an Knochen im Verhältnis zum Körpergewicht. Dadurch verändert sich der Kalziumbedarf für das Skelett. Die Steuerung des Kalzium-Phosphor-Gleichgewichtes ist aber mit hoher Wahrscheinlichkeit homozygot auf eine mittlere Ausgangsgröße einreguliert. Dies kann bei großen Hunden zu Störungen des Mineralstoffwechsels mit Muskelkrämpfen im Magen-Darmkanal führen und schließlich auch eine Magendrehung auslösen.

Die Zucht auf große tiefbrüstige Hunde mit aufgezogener Bauchlinie und quadratischer Gesamterscheinung, wie sie der Standard fordert, erweist sich als nachteilig für die muskulöse Verankerung des Magens. Gesundheitsschwächen in Folge von Inzucht bewirken für die Krankheit fördernde Nebenerscheinungen.

Grundlegend veränderte, auf dem Erkenntnisstand der Wissenschaft beruhende, zuchthygienische Maßnahmen würden auch den ursächlich genetischen Faktorenkomplex der Magendrehung einengen. Der Doggenhalter sollte zumindest folgende vorbeugende Maßnahmen im Ursachenkomplex Umwelt - Ernährung beachten:

- Die Doggen schon im Welpenalter niemals überfüttern.
- Der Anteil der Kohlenhydrate sollte bei Erhöhung des Fettanteils maximal 1/3 der Ration betragen.
- Schlachtabfälle entsprechend zerkleinern.
- Nur hygienisch einwandfreies Futter einsetzen.
- Trockenfutter immer einweichen und in Körperwärme verabreichen.
- Keine Gaben von »Konditionsmitteln« jeglicher Art, einschließlich Kalziumtabletten und zusätzlichen Vitaminpräparaten.
- Zwei bis drei Tagesmahlzeiten zur raschen Durchdringung der Magensäure im Futterbrei und schnellen Entlastung des Magens.
- Einhaltung bestimmter Fütterungszeiten.
- Aufregung und Anstrengung während und mindestens zwei Stunden nach der Fütterung vermeiden.
- Eine halbe bis eine Stunde nach der Fütterung mit gefährdeten Tieren Kontakt halten (Zeit der meisten Blähungen).

GEBÄRMUTTERVEREITERUNG (Pyometra)

Die Pyometra stellt eine Infektion des Uterus dar. In den meisten Fällen der spontan entstehenden Pyometra wird eine primär lokale Infektion am Ende des Östrus (siehe unter Fortpflanzung), wenn die Zervix noch nicht keimdicht verschlossen ist, angenommen. Durch Veränderung des Hormonspiegels kann sich auch nach Ende des Östrus Flüssigkeit im Uterus ansammeln, was mit der Scheinträchtigkeit im Zusammenhang steht. Wird dieses Sekret nicht verbraucht, weil keine Embryonen vorhanden sind, muss es vom Körper resorbiert werden. Erfolgt das nicht, kann sich Eiter in der Gebärmutter entwickeln. Diese eitrigen Flüssigkeitsansammlungen im Uterus können bei verschlossenem Gebärmutterhals zurückgehalten werden. Die Gebärmutter, in manchen Fällen auch nur ein Gebärmutterhorn, schwillt enorm an. Das Allgemeinbefinden der Hündin wird gestört, sie stellt in der Regel das Fressen ein, auch Erbrechen und Kollaps treten auf. Bei zeitweiser offener Zervix kann etwas Eiter abfließen, was die Hündin zum ständigen Lecken veranlasst und Durst auslöst.

Bei Auftreten dieser Anzeichen muss sofort der Tierarzt konsultiert werden. Der Erfolg einer medikamentösen Behandlung im Anfangsstadium der Krankheit ist umstritten. Wenn die Diagnose eindeutig feststeht, scheinen die besten Heilungsschancen nach operativer Entfernung der Gebärmutter, einschließlich Eierstöcken, zu bestehen, vorausgesetzt die Operation wird rechtzeitig vorgenommen.

HERZERKRANKUNGEN

Die Wissenschaft geht von einem hohen Verbreitungsgrad der Herzkrankheiten in der Hundepopulation aus. Bei der Mannigfaltigkeit der angeborenen und erworbenen Herzfehler ist die Deutsche Dogge in den Statistiken der Veterinärmedizin kaum unter den stark disponierten bzw.

belasteten Rassen zu finden. Mit Beiträgen aus eigener Erfahrung kann ich zur betreffenden Thematik nicht beitragen. Aus unserer Zucht sind, abgesehen von einem Rüden mit nicht abgeklärter Diagnose, keine Herzkrankheiten bekannt. Auch *Hollensteiner (2000)* bezeichnet nur die Herzerschlaffung (Herzdilatation) als für die Deutsche Dogge von Bedeutung.

Die breite Praxis unter den Doggenhaltern bringt allerdings eine gegenteilige Meinung zum Ausdruck und beklagt hinreichend den Verlust von Doggen infolge Herztod. Es liegt hier offensichtlich ein statistisches Erfassungs- und Aufbereitungsmanko für diese Krankheit in der Rassepopulation vor, das baldmöglichst bearbeitet werden sollte. Auf einzelne Herzkrankheiten und ihre Schädigungen des Herzens kann verständlicherweise im Rahmen dieser Abhandlung nicht eingegangen werden. Das Gleiche trifft auf die komplizierten diagnostischen Abklärungen erworbener oder angeborener Herzfehler sowie auf die Prognose und Therapie zu.

Symptome, die auf Herzerkrankungen hinweisen, sollte der Doggenhalter allerdings sehr ernst nehmen und sein Tier umgehend einem erfahrenen Tierarzt vorstellen. Dies ist angesagt: Wenn die junge Dogge in ihrer Gewichtsentwicklung zurückbleibt, weiterhin bei Müdigkeit, Bewegungsunlust, beschleunigter Atmung, die sich auch nach einer Ruhepause nicht normalisiert; bei Doggen, die viel stehen und sich ungern hinlegen, bei Aufregung oder Freude husten, nächtliche Unruhe mit Husten, alle Abweichungen der Herzschlagfrequenz im Ruhezustand des Hundes, die beim gesunden Tier zwischen 70 und 140 Schlägen pro Minute liegt. Diese Anzeichen können natürlich auch Ursachen anderer Erkrankungen sein, trotzdem ist eine tierärztliche Diagnostizierung und Therapie unerlässlich. Nach umfangreichen Veröffentlichungen in der Fachliteratur ist der Anteil erblicher Herzfehler nicht unerheblich. Die betroffenen Tiere müssen unbedingt aus der Zucht ausgeschlossen werden. Da aber die Hundezucht und somit auch die der Deutschen Dogge nicht grundsätzlich auf Erbgesundheit reguliert ist, bedarf es in hohem Maße der Einsicht der Züchter und vor allem der verantwortlichen Zuchtleitungen, um die Ausbreitung erblicher Fehler zu minimieren. Es darf auch an dieser Stelle nicht verschwiegen werden, dass es sich bei vielen dieser erblich bedingten Erkrankungen um Schwellenmerkmale handelt, also um einen Vererbungsgang (polygen), der nicht den Mendel'schen Vererbungsregeln folgt. Das setzt wiederum für oben genannte Verantwortliche eine generelle Qualifizierung voraus, um überhaupt die erforderliche Zuchtstrategie in die Wege leiten zu können.

HÜFTGELENKSDYSPLASIE (HD)

Die Hüftgelenksdysplasie, kurz HD genannt, stellt seit Jahrzehnten Tierärzte und Hundezüchter vor einige Probleme. Als genetisch beeinflusstes und durch die Umweltfaktoren modifiziertes Merkmal beeinträchtigt sie in starkem Maße sowohl den Zuchtwert als auch die Gebrauchseigenschaften des Tieres. Nicht zuletzt ist diese Krankheit mit teils erheblichen Schmerzen für den Hund verbunden.

Auch die Deutsche Dogge - schon mehrmals als Lauftier bezeichnet - benötigt bis ins hohe Alter eine ungestörte Funktionsfähigkeit des Hüftgelenkes als wichtigen Bestandteil des Bewegungsapparates. Es gibt einige Züchter, welche die Notwendigkeit der HD-Bekämpfung bagatellisieren, ihnen fehlen offensichtlich Erfahrungen im Zusammenhang mit älteren, an HD erkrankten Tieren.

Als erwiesen gilt, dass die HD bei allen Hunderassen und auch bei Mischlingen vorkommt. Hinsichtlich der Verbreitung wurden jedoch bei den einzelnen Rassen wesentliche Unterschiede ermittelt. Nach Untersuchungen von *Corley,* Zitat von Linnmann (1998) variierte in den USA und Kanada die Befallsrate bei 87 Rassen zwischen 48,1 % beim Bernhardiner bis zu 1,8 % beim

Barsoi, was einer Spannweite von 46,3 % entspricht. Die Deutsche Dogge hat hierbei mit einem Anteil bewerteter Tiere von 3824 eine Befallsrate von 13,7 %. Nach Schweregraden waren das 9,8 % HD-leicht. 3,4 % HD-mittel und 0,5 % HD-schwer. Grenzfälle zwischen HD-frei und leicht wurden nicht als befallen definiert.

Eigene Auswertungen erbrachten für die von 1997 bis 1999 (drei Jahresauswertungen) geröntgten Deutschen Doggen im DDC folgendes Ergebnis.

<u>HD - Auswertung 1997 bis 1999 (Quelle ZB-DDC)</u>

		0		1		0+1		2		3		4	
Jahr	**Anzahl**	**Anzahl**	**%**	**Anzahl**	**%**	**Anzahl**	**%**	**Anzahl**	**%**	**Anzahl**	**%**	**Anzahl**	**%**
1997	392	191	48,7	111	28,3	302	77,0	78	19,9	11	2,8	1	0,3
1998	399	227	56,9	98	24,6	325	81,5	65	16,3	9	2,3		-
1999	350	183	52,3	117	33,4	300	85,7	36	10,3	12	3,4	2	0,6
Ges.	1141	601	52,67	326	28,57	927	81,24	179	15,68	32	2,8	3	0,28

Grundsätzlich müssen aber all diese Auswertungen inclusive Rassevergleiche mit Vorbehalt angesehen werden. Erstens sind es bei weitem nicht alle Tiere, die einer HD-Röntgenuntersuchung unterzogen werden. Des Weiteren sind viele Züchter nur an einem für die Zucht zugelassenen HD-Ergebnis interessiert, Röntgenaufnahmen mit offensichtlicher HD werden dann gar nicht erst zur Begutachtung eingesandt. Weiterhin bleibt zu beachten, dass die phänotypische Merkmalsbeurteilung anhand des Röntgenbildes nichts über die Anlagenträger aussagt. Das ist auch der Grund, dass aus geröntgen phänotypisch dysplasiefreien Elterntieren, die Anlagenträger sind, HD-behaftete Nachkommen ausspalten können und sich der Selektionserfolg in der Population nur langsam oder gar nicht einstellt.

Um das zu verstehen müssen der Züchter und vor allem die Zuchtleitung sofort gründlich umdenken und sich von ihren alten, längst überholten »Zuchtmethoden« lösen und sich dem seit 1925 bekannten populationsgenetischen Zuchtverfahren zuwenden. Danach hat man erkannt, dass die meisten Merkmale, Eigenschaften und viele Krankheiten, wie auch die HD, nicht von einer Erbanlage allein (monogen) im mendel'schen Erbgang ausgelöst werden. An der Ausprägung der HD ist eine Vielzahl von Genen beteiligt. Erst wenn ein bestimmtes Mindestquantum, der so genannte *Schwelleneffekt,* an Genen erreicht ist, kommt es zur Manifestation der Krankheit und ihrer röntgenologischen Nachweismöglichkeit.

Bei diesen polygen bedingten Krankheiten folgen die einzelnen Gene zwar auch den Mendel'schen Regeln, aber ihre Verknüpfung und Vielzahl lässt den Erbgang des Einzelgens nicht mehr erkennen, so dass das polygen gesteuerte Merkmal in seiner Gesamtheit nach keinem Mendel'schen Erbgang verläuft.

Die züchterische Bekämpfung der HD muss demzufolge in ihrer Endkonsequenz auf den Zuchtausschluss der Anlagenträger innerhalb der merkmalsfreien Tiere gerichtet sein. Das bedeutet konkret, dass nach der phänotypischen Beurteilung der Röntgenaufnahme zusätzlich die

Bewertung der Zuchttiere nach dem Genotyp vorgenommen wird. Dazu dient als populationsgenetisches Verfahren die *Zuchtwertschätzung* des Zuchttieres bezüglich HD-Anlagefreiheit. Nach Prüfung auf Merkmalsfreiheit seiner Nachkommen unter Einbeziehung der Eltern sowie Voll- und Halbgeschwister wird der Grad der Anlagenfreiheit des Probanten in einer Zuchtwertzahl definiert. Das Rechenverfahren zur Zuchtwertschätzung erfolgt mittels Computerprogrammen, auf die an dieser Stelle nicht eingegangen werden soll. Für weiteren Wissensbedarf sei auf das Buch »Die Hüftgelenksdysplasie des Hundes« von *Sylvia M. Linnmann (1998)* verwiesen.

Die Maßnahmen zur Eliminierung der HD müssen immer schrittweise und zwar unter Beachtung des Dysplasiebefalles der Rasse erfolgen. Rigoroser Zuchtausschluss aller Merkmals- und Anlagenträger würde bei starkem Befall zwangsläufig die Zuchtbasis stark einengen und nicht nur zum Verlust wertvoller Zuchttiere führen, sondern auch den Genpool der Rasse enorm einengen und anderen Erbkrankheiten Vorschub leisten. Für die Population der Deutschen Dogge im DDC mit einer Merkmalsfreiheit von 81,24 % und einer Befallsrate von 15,68 % HD-leicht wäre in absehbarer Zeit als weiterer Schritt der Zuchtausschluss der mit HD-leicht befallenen Tiere denkbar. Nach weiterem Erfolg bzw. Verbesserung des HD-freien Status sollten populationsgenetische Zuchtmaßnahmen nach entsprechendem Zuchtwertschätzungsverfahren folgen. Im Zeitalter der Molekularbiologie besteht die berechtigte Hoffnung, recht bald genetische Marker zur Verfügung zu haben, die es erlauben, die Anlagenträger anhand des Blutes zu erkennen *Schawalder (1996).*

DAS WOBBLER-SYNDROM

Die cervikale Spondylophathie, im Allgemeinen Wobbler-Syndrom genannt, kommt nach *Dämmrich (1979)* als Überbelastungsschaden der Wirbelsäule bei Junghunden großwüchsiger Rassen vor. *Wiesener* und *Willes (1983)* benennen unter den betroffenen Rassen die Doggen vor dem Dobermann-Pinscher an erster Stelle und bezeichnen Halswirbeldeformationen als Ursache der Krankheitserscheinung. Die Problematik des Wobbler-Syndroms wird in der internationalen Literatur vielfach diskutiert und fast ausschließlich als Deformation der Halswirbel gekennzeichnet. Hierbei kommt es zur Verengung des Rückenmarkkanals mit Halsmarkquetschungen, die zur Schwächung und Lähmung sowie Muskelfunktionsstörungen zuerst an den Hinter- und nachfolgend an den Vorderläufen führt. Das klinische Bild tritt vorwiegend im Alter von drei bis 12 Monaten auf. Aber auch im späteren Alter wurde das Auftreten der Krankheit beobachtet.

Die Therapie der Spondylophathie (Wobbler - Syndrom) besteht nach *Schimke (1986)* in einer chirurgischen Korrektur durch Verplattung, Verdrahtung und Verschraubung der Dornfortsätze und Wirbelbögen. Die Therapie kann die Ursachen nicht beseitigen, sie dient nur der Beeinflussung der klinischen Erscheinungen.

Die Skeletterkrankung Wobbler - Syndrom, die in den letzten Jahren vermehrt bei großen Rassen auftritt, wird von der Wissenschaft dem Formkreis der erworbenen Entwicklungsstörungen, bei gegebener genetischer Disposition, die sich aus dem Großwuchs ableitet, zugeordnet *(Zentek, Dämmrich, Meyer).* Größenwachstum und Wachstumsgeschwindigkeit gelten als polygen determiniert.

Es wird deshalb als dringend erforderlich angesehen, dass die betreffenden Zuchtverbände populationsgenetische Maßnahmen einleiten und somit über die Selektion erbgesunder Tiere das Problem von der Wurzel her angehen. Die Wissenschaft bietet dazu Reihenuntersuchungen zur Ermittlung der Befallsrate an. Um züchterische Maßnahmen erfolgreich einzuleiten, sind Röntgenaufnahmen des Halses erforderlich.

Ausklang

In den vergangenen 120 Jahren Zucht der Deutschen Dogge wurde eine imposante Erscheinung mit edlem Charakter und guten Wesen entwickelt. Die für sie erforderliche Umwelt und auch die Einstellung der Menschen gegenüber dem Hund hat sich allerdings in dieser Zeit grundlegend zu dessen Ungunsten verändert.

Verdichtung der Wohngebiete und des Straßenverkehrs, umfangreiche Darbietungen der Massenmedien, einschließlich sensationell aufgemachter so genannter *Kampfhundegefahr* auf Rassen bezogen, haben bei vielen Mitmenschen zum Schwinden von Anteilnahme und Einfühlungsvermögen gegenüber großen Hunden geführt. Derartige gezielte Sensationsüberflutungen lösten direkte *Antihunde-Hysterien* aus.

Es wird deshalb immer wichtiger, dieser Hundefeindlichkeit durch positive Überzeugung mit dem guten Wesen unserer Doggen entgegen zu wirken. Das Kapitel »Sozialverhalten« enthält dazu einige grundlegende Verhaltensmaßregeln im Zusammenleben von Menschen mit Deutschen Doggen.

Im Nachwort kann auch nicht unerwähnt bleiben, dass die Deutsche Dogge, wie die meisten anderen Rassehunde auch, in ihrer langen Züchtungsgeschichte nicht nur eine positive Entwicklung durchlaufen hat. Wie ein roter Faden zieht sich deshalb das Problem der Engzucht mit all ihren gesundheitlichen negativen Folgen durch das vorliegende Buch. Es ist dringendes Gebot für Zuchtleitung und Züchter, von den vor über hundert Jahren für die Konsolidierung phänotypischer Rassemerkmale eingeführten Zuchtverfahren abzukommen. Neue, auf dem gegenwärtigen Wissensstand der Populations- und Molekulargenetik aufbauende Zuchtmethoden bieten Maßnahmen zur Verbesserung des Gesundheitsstatus und damit der Verlängerung der Lebenserwartung unserer Deutschen Dogge.

Ich bin mir sicher, dass wir an der Wende eines kynologischen Zeitalters stehen und durch Umdenken von der Engzucht zur Auszucht auch für den Apoll unter den Hunderassen beste gesundheitliche Zukunftsaussichten geschaffen werden. Jeder Züchter sollte hierbei seinen Beitrag in Verantwortung gegenüber unseren edlen und sanften Riesen leisten.

Der Autor mit seiner Viola v. Borntal. WT: 21.04.1995, Dt. Ch. VDH. Ch.

Foto: I. Krautwurst.

Almanach - DDC 1888 bis 1988, Jubiläumsausgabe Frankfurt
Beckmann, Ludwig - Rassen des Hundes - Braunschweig 1894,
Reprint KYNOS VERLAG 1983
Brunnberg, Leo - Lahmheitsdiagnostik beim Hund - Igelheim 1998
Burns u. Fraeser - Die Vererbung des Hundes - Reutlingen 1968
Dämmrich, Klaus - Erworbene Skeletterkrankungen bei Hunden - Quelle unbekannt
Deutsche Doggenzeitung - 1931 bis 1938
Deutscher Doggen Club 1888 e.V. - Prüfungsordnung LP 1 bis 3, FP 3
Prüfungsordnung des VDH für BH u. FH
Ausstellungs- und Zuchtordnung - Lünne 1993 u.2000
Lane, Dick, u. Ewart, Neil, - A bis Z der Hundekrankheiten - Mürlenbach/Eifel 1998
Feddersen-Petersen, Dorit - Hunde und ihre Menschen - Stuttgart 1989
Fleig, D. - Die Technik der Hundezucht - Mürlenbach /Eifel 1987
Goertler, Victor - Neufundländer - Wittenberg 1981
Herzog, Alexander DH Berlin 1999
Hollensteiner, Horst - Deutsche Dogge - Kosmos Verlag 2000
Kapel, Dietmar - Demodikose und Immunsystem - Berlin 1998
Kirchhoff, Birgit - Skrodzki, Marianne - Angeborene Herzfehler - DH Berlin 1999
Kolb, E. - Vom Leben und Verhalten unserer Haustiere - Leipzig 1986
100 %
Krautwurst, Friedmar - 1 x 1 der Hundeernährung - Mürlenbach/Eifel 2000
Krautwurst, Friedmar - Die Deutsche Dogge - Mürlenbach/Eifel 1995
Lansky, Frank - Das Anti Floh-Programm - Berlin 1996
Laukner, Anna - Die Fellfarben beim Hund - Dissertation Ludwig -Maximilian-Universität München 1997
Löblich Beardt, Bärbel - Die Demodikose des Hundes - Z.Schr. Hundewelt 9/98
Mehlhorn Heinz - Wenn der Wurm drin ist - Berlin 1996
Schimke, E.- Klinik der Hundekrankheiten - Jena 1986
Schleger u. Stur - Hundezüchtung - Wien - München 1986
Schwarz, Jürgen - Die medizinische Vorbereitung der Zuchthündin - HW 2,3 1999
Stamm- und Zuchtbuch Band 1 bis 99, 1897 bis 1999, Deutscher Doggen Club 1888 e.V.
Strebel, Richard - Die Deutschen Hunde - München 1904/1905
Reprint KYNOS VERLAG 1986
Thiele, - Würmer beim erwachsenen Hund - Berlin 1997
Wachtel, Hellmuth - Hundezucht 2000 - Weiden 1997
Weber, Albert - Was machen Zecken so gefährlich? - Berlin 1997
Wiesner/Willer - Genetik der Hundekrankheiten - Basel/München
Zentek, Jürgen/ Dämmrich, Klaus/ Meyer, Helmut - Zur Pathogenese fütterungsbedingter Skeletterkrankungen bei großwüchsigen Rassen - Kleintierpraxis 1995
Ziemen, Erik - Haushunde - München 1992
Zuchtbuch Band 1 bis 26 1955 bis 1988 SZG Deutsche Doggen

Adressenliste EUDDC-Club (EUDDC = Europäischer Deutscher Doggen Club)
Stand: 1.Sept.1999

Belgien:

Herr Laurant Lauwers
Molenstraat 78 B
B-2870 Puurs
Tel. 0032-3-8892352

Deutschland:

Herr Winfried Nouc
Wilhelmstr. 29
D-52159 Roetgen
Tel.02471-2553, Fax 02471-2753

Italien:

Frau Dot. Amelia Murante
Strada del Turchino 31
Tenuta la Vedetta
I-15067 Novi Ligure Alessandria
Tel. 0039-0143-76084 od.745232

Luxemburg:

Frau Margit Völzer
103, Rue Principale
L-5367 Schuttrange
Tel. 0035-2-359275
Fax 0035-2-356944

Niederlande:

Herr Jaques A.C.Jansen
Pr. Julianastraat 10
NL-3751 CN Buntschoten/Spakenburg
Tel. 0031-33-2996985
Fax 0031-33-2996973

Österreich:

Frau Aurelia Pravitas
Pachfurter Str. 10
A-2460 Bruck/Leitha
Tel. 0043-2162-63220
Fax 0043-2162-63220

Polen:

Frau Malgorzata Sowinska
ul. Piotrkowska 224/7
PL-90-360 Lodz

Schweden:

Herr Stig Hemlin
Stenkällevägen 76
S-21 233 Malmö

Schweiz:

Herr Michael Neugel
Söhrengrabenweg 42
CH 5013 Niedergösgen
Tel. 0041-64-412245

Ungarn:

Herr Tibor Nagy
Szönyi ut 35 b
H 1142 Budapest
Tel. 0036-1-2515075

Tschechien:

Herr Petr Nemec
Nad Kasnou 54
Cz-63500 Brno
Tel. 0042-5-792064

Slowakei:

Herr Ladislav Jurdik
Ul.Polna 98
SK- 97400 Banska Bystrika
Tel/Fax 00421-88-4135411

Weitere Adressen:
Kynologische Gesellschaft für DEUTSCHE DOGGEN e.V. (KyDD)
Herr Heiko Wagner
Bachgasse 10
55576 Sprendlingen
Tel. 06701-7086 od. 960550
Fax 06701-8105